EL JUEGO DE LA CIENCIA

Meteorología divertida

VALERIE WYATT

Ilustraciones de Pat Cupples

ONIRO

Colección dirigida por Carlo Frabetti

Título original: *Weather watch*
Publicado en inglés por Kids Can Press Ltd., Toronto, Ontario, Canada

Traducción de Joan Carles Guix

Ilustraciones de cubierta e interiores: Pat Cupples

Distribución exclusiva:
Ediciones Paidós Ibérica, S.A.
Mariano Cubí 92 – 08021 Barcelona – España
Editorial Paidós, S.A.I.C.F.
Defensa 599 – 1065 Buenos Aires – Argentina
Editorial Paidós Mexicana, S.A.
Rubén Darío 118, col. Moderna – 03510 México D.F. – México

© 2004 exclusivo de todas las ediciones en lengua española:
Ediciones Oniro, S.A.
Muntaner 261, 3.º 2.ª – 08021 Barcelona – España
(oniro@edicionesoniro.com – www.edicionesoniro.com)

ISBN: 84-9754-110-3
Depósito legal: B-30.300-2004

Impreso en Hurope, S.L.
Lima, 3 bis – 08030 Barcelona

Impreso en España – *Printed in Spain*

LITTLE VILLAGE

ÍNDICE

AGRADECIMIENTOS

Quiero expresar mi agradecimiento a las innumerables personas que me han ayudado y aconsejado durante la confección de este libro. Ed Truhlar, del Atmospheric Environment Service of Environment Canada revisó y rastreó el borrador con un finísimo peine, detectando múltiples errores y realizando valiosas sugerencias. Entre otros asesores se incluyen Elaine Christens; el doctor C. R. Harrington, del National Museum of Natural Sciences; el doctor Larry Licht, de la Universidad de York; Ken Lister, del Royal Ontario Museum; Philip Mozel, del McLaughlin Planetarium; el doctor R. S. Shemenauer, y la doctora Audrey Karlinsky. Gracias a todos.

Meteorología divertida cuenta con varias «comadronas»: mis editores y amigos Ricky Englander y Valerie Hussey, de Kids Can Press, me ofrecieron su inestimable apoyo y estímulo durante mi trabajo; Charis Wahl me arrancó un sinfín de carcajadas a lo largo del proceso de edición y mejoró inconmensurablemente el libro; y Nancy Jackson y Pat Cupples se encargaron de los destellos visuales.

Por último, me gustaría dar las gracias a mi consejero más importante: mi marido Larry MacDonald, un entusiasta de la meteorología. Sin su apoyo, consejo y sabiduría climatológica, este libro aún estaría en el procesador de textos.

En recuerdo de Fred Wyatt,
que propagó la luz del sol a cuantos le rodearon.

LAS MARAVILLAS DEL CLIMA

Si te gusta volar cometas, chapotear en los charcos, lanzar bolas de nieve o caminar entre la niebla, este libro es para ti, pues trata del maravilloso y en ocasiones extraño clima que se arremolina a nuestro alrededor cada minuto del día.

El clima es un espectáculo que cambia constantemente. Al cielo azul y la luz del sol le sigue una cortina de espesa nieve en la que apenas puedes distinguir por dónde andas; los rayos y los truenos preceden al arco iris; y las nubes en forma de dragón se tornan ovejas en tus propias narices.

Pero el clima es mucho más que un entretenimiento. En realidad, modela tu forma de vivir.

Echa un vistazo a la habitación en la que estás sentado. ¿Hay cristales en las ventanas? ¿Hay algún calentador o radiador? Si vivieras en los trópicos no necesitarías ni cristales ni calor. Desearías que el aire entrara a borbotones y enfriara las cosas. El estilo de construcción de tu casa depende del clima en el que vives.

Y ¿qué hay de la ropa que llevas? Sí, claro, te la habrás puesto porque es el último grito en moda, pero desde luego no se te ocurriría enfundarte en esos fabulosos shorts en medio de una ventisca por mucho que te gustaran.

Y luego está la alimentación. Sin clima no habría cacahuetes para tu mantequilla de cacahuete..., ni pan en el que untarla. Las plantas necesitan sol y agua para crecer. Incluso una hamburguesa necesita sol y agua. Al fin y al cabo, las vacas comen plantas.

Sin clima, la Tierra se parecería a la luna, una enorme roca fría y sin vida errando por el espacio.

En este libro descubrirás el origen del clima terrestre y cómo simularlo en la cocina. Pero antes de empezar a leer, ¿por qué no sales de casa y disfrutas del clima?:

- Atrapa un copo de nieve (p. 40).
- Crea un arco iris en el jardín (p. 36).
- Observa una gota de lluvia (p. 32).

Luego vuelve la página y aprende muchísimas más cosas sobre la composición del clima.

EL CLIMA Y TÚ

Al despertar esta mañana, ¿has mirado fuera para saber qué tiempo hacía? Es muy probable que sí. Tal vez no pienses demasiado en ello, pero desde luego le prestas atención. Y si no lo hiciste, bien podrías haberte puesto una parka en un soleado día de verano o coger el skateboard cuando en realidad lo que necesitabas eran unos patines sobre hielo.

Continúa leyendo para descubrir algunas formas asombrosas en las que el clima influye en tu cuerpo, en la forma de vivir y en los animales con los que compartes este planeta.

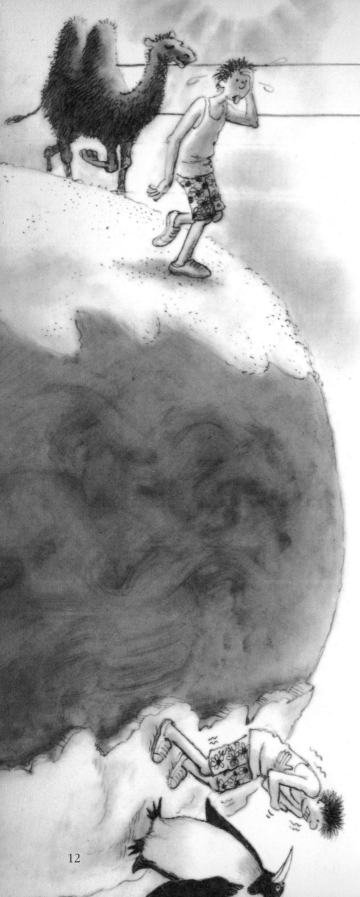

TIRITAR Y SUDAR

Si has visitado Vostok, en la Antártida, y luego has estado en Al'Aziziyah, en Libia, tu cuerpo podría haber sufrido un serio shock, pues habrías viajado desde el lugar más cálido de la Tierra al más frío.

Aun así, el cuerpo humano tiene la capacidad de adaptarse a climas extremos. A decir verdad, se siente mucho más a gusto cuando la temperatura ronda los 25 °C. Cuando es superior o inferior, empieza a adaptarse automáticamente.

¿Qué ocurriría si aterrizaras en Vostok, en la Antártida, donde la temperatura ha descendido hasta −88,3 °C? Tiritarías de frío, y cuando tiritas, todos los músculos se contraen, y estas contracciones liberan calor. Es así como te calientas. La contracción adicional de otros músculos también te reportará más calor. Dicho de otro modo, ¡haz ejercicio! En Vostok podrías pasarte la vida jugando a dar paladas en la nieve. ¡La hay a montones!

Si estuvieras algunas semanas en Vostok, tu temperatura interior descendería ligeramente, hasta el punto de que el cuerpo tendría que trabajar duro para mantener el calor. Y para que perdieras la menor cantidad de calor posible, la sangre discurriría por sendas más profundas en el organismo en lugar de correr cerca de la superficie de la piel, como lo hace en verano. Estos cambios se producirían automáticamente para que te sintieras más confortable.

Una forma de calentarte consistiría en viajar hasta Al'Aziziyah, en Libia, donde la temperatura ha subido hasta 58 °C. Lo primero que advertirías sería el sudor transpirando por la piel.

El agua del sudor procede de la sangre, que transporta el calor por todo el cuerpo a través de las glándulas sudoríparas. En el espacio que ocupa una moneda existen alrededor de trescientas glándulas.

La mayor o menor cantidad de sudoración depende de tu tamaño y del calor que hace. Un robusto hombretón puede sudar hasta 19 litros de agua diarios. Incluso en un día frío bombeas el suficiente sudor para llenar un vaso pequeño.

Sudar es una forma muy eficaz de enfriarse, excepto cuando hay humedad. En los días húmedos hay tal cantidad de vapor de agua en el aire que apenas queda espacio para el sudor. En lugar de

evaporarse para refrescarte, la transpiración se adhiere a la piel, provocando una sensación caliente y pegajosa muy desagradable.

Es muy probable que no desees vivir ni en Vostok ni en Al'Aziziyah, pero lo cierto es que el calor y el frío estimulan las defensas del organismo. En efecto, al poco rato estarás tiritando o sudando para alcanzar el máximo confort. Encontrarás más consejos para evitar el frío o el calor en el recuadro de esta página.

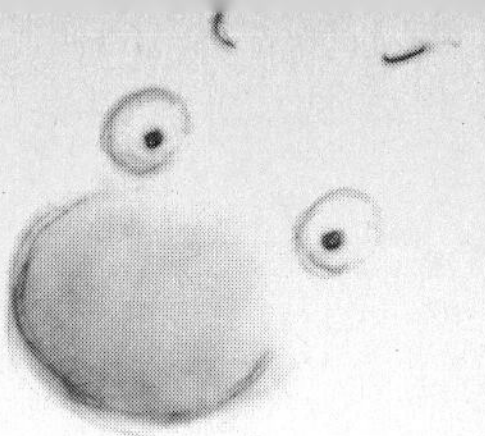

CONSEJOS DE SUPERVIVENCIA PARA FRÍO Y CALOR

¿Agobiado por el calor? Prueba lo siguiente:

- Bebe muchos líquidos para reponer el agua que estás perdiendo al sudar. No hay nada mejor que agua fría.
- No hagas un ejercicio extenuante. Recuerda que trabajar los músculos genera calor, lo último que necesitas.
- Ponte un sombrero y un filtro solar cuando estés al aire libre.

Para estar más caliente en invierno, prueba con esto:

- Ponte una gruesa gorra de lana. Pierdes la mitad del calor corporal a través de la cabeza.
- Dale tiempo al cuerpo para adaptarse al frío. Al poco rato, tu temperatura habrá descendido levemente.
- Inyecta combustible rico en proteínas (alimentación) en tu horno (cuerpo) para generar una mayor cantidad de calor interno.
- Manténte seco. Si te has mojado, cámbiate enseguida de ropa.

UN BOTÓN MÁGICO PARA CAMBIAR EL CLIMA

Imagina que la temperatura sube hasta los 38 °C y que te estás asfixiando de calor. Has bebido tanta limonada que incluso se te han arrugado los labios y sueñas con sumergirte en una bañera llena de cubitos de hielo. Lo que necesitas es un botón de «FRÍO» que pulsar... ¡y provocar una enorme nevada!

Durante miles de años el hombre ha soñado con cambiar el tiempo meteorológico, o por lo menos controlarlo. Hace mucho, muchísimo tiempo, la imaginación popular ideó dioses del tiempo a los que implorar bonanza. También había dioses del viento y de la lluvia, dioses del sol e innumerables dioses del trueno y el rayo. El que ves aquí es Lei Chen Tzu, la versión antigua del dios del trueno y el rayo.

En la mitología escandinava, el dios del trueno era Thor. Era superfuerte y superpoderoso, aunque no siempre superamable. ¡A decir verdad, tenía un genio de mil demonios! Incluso los renos de Santa Claus están relacionados con el trueno y el rayo. En alemán, *Donner* significa «trueno», y *Blitzen*, «rayo».

A medida que la gente fue aprendiendo cómo funcionaba la meteorología, se dio cuenta de que los dioses no tenían nada que ver con ella. En realidad, nadie podía controlarla. Poco a poco, el viejo sueño de cambiar el tiempo fue cayendo en el olvido, si bien es cierto que algunos no se dieron por vencidos.

Los intentos de crear lluvia artificial fueron incontables. Un inventor incluso envió una bomba a las nubes para dispersarlas, pero fue en vano. Finalmente, en la década de 1940 dos americanos lo consiguieron, pulverizando las nubes con diminutos fragmentos de hielo seco. Sabían que muchas nubes no producen lluvia a menos que se hayan formado minúsculos cristales de hielo en su interior. Así pues, se limitaron a echar una mano a las nubes suministrándoles el hielo. Esta «siembra» provocó un intenso chaparrón en París: ¡nada más y nada menos que 82.000 toneladas de agua!, suficiente como para llenar 43 piscinas olímpicas. La siembra de nubes se sigue practicando en la actualidad, pero en lugar de cristalitos de hielo, se utiliza yodo.

En ocasiones, el hombre modifica accidentalmente el tiempo, y no siempre para mejor. Así, por ejemplo, la construcción de grandes ciudades ha creado lo que se denomina «islas de calor». En efecto, los edificios retienen el calor, y los vientos aca-

¿Quieres tener un «aspecto fresco» (y sentirte fresco)?

Desde luego, ya puedes olvidarte de aquel botón de «frío» para sobrellevar cómodamente el verano, pero lo que sí puedes hacer es vestirte no sólo para tener un aspecto fresco, sino también para sentirte fresco. Pero..., veamos..., ¿qué podrías ponerte? Es muy posible que este experimento te sirva de inspiración. Luego, vuelve la página y encontrarás unas cuantas «prendas» realmente frescas.

Material necesario

○ *2 vasos iguales*
○ *papel negro lo bastante grande para envolver un vaso*
○ *papel blanco lo bastante grande para envolver el otro vaso*
○ *cinta adhesiva*
○ *termómetro de exterior*

1. Envuelve un vaso con papel negro tal como se indica en la ilustración, intentando cubrir la mayor cantidad posible de vaso. Sujétalo con cinta adhesiva.
2. Envuelve el otro vaso con papel blanco y fíjalo con cinta adhesiva.
3. Llena de agua los dos vasos. El agua debe estar a temperatura ambiente.
4. Colócalos junto a una ventana soleada.
5. Déjalos una hora y luego comprueba si la temperatura del agua sigue siendo la misma en los dos. En un día soleado, ¿qué colores deberías llevar, pálidos u oscuros?

Fíjate en el fuego que rodea la cabeza de Lei Chen Tzu y el tambor que está a su lado. El «equipo» necesario para un auténtico dios del trueno y del rayo.

nalados por los rascacielos hacen que algunas calles sean tan tempestuosas que incluso consiguen levantar del suelo a los pobres peatones. Asimismo, el clima urbano es más húmedo y está más contaminado que en el campo.

La polución atmosférica, como consecuencia de las emisiones tóxicas, también es la causa de otras alteraciones climatológicas de mayor envergadura. Encontrarás más información acerca de los efectos de la polución en el clima en las páginas 52-57.

VESTIR «DE» CLIMA

Este vestido tal vez no te parezca demasiado fresco, pero en realidad lo es. A decir verdad, cada una de las prendas que puedes observar aquí se diseñó especialmente para mantenerte fresco, o para sentirte fresco.

¿Necesitas proteger la cabeza de la insolación? Prueba con un «paraguas» de hojas. Los paraguas naturales fueron comunes miles de años antes de que se empezara a fabricarlos.

Este tipo de gafas de nieve las inventaron los esquimales hace dos mil años, en el Ártico, para evitar la ceguera provocada por el reflejo del sol en el hielo. Si quieres hacerte unas, sigue las instrucciones de la página siguiente.

¿Estás tiritando? Enfúndate en estos pantalones esquimales confeccionados con tiras de piel de conejo entretejidas. Aunque podrías pasar un dedo por los orificios, en realidad estos pantalones mantienen el calor corporal.

En 1873, a los 16 años, Chester Greenwood inventó las orejeras. Pidió a su abuela que cosiera pedacitos de piel de castor en el extremo de un alambre; se le helaban las orejas cuando patinaba.

Una camiseta de bambú tal vez no te parezca muy cómoda, pero los antiguos japoneses descubrieron que acumulaba aire en su interior y los mantenía frescos.

GAFAS-OJOS SALTONES

En realidad, estas gafas de sol deberían llamarse «gafas nórdicas». Las finas hendiduras reducen la cantidad de luz que penetra en el ojo y lo protegen de los reflejos. Las que usaban los esquimales eran de corteza de árbol o de hueso. La versión que te presentamos aquí es francamente divertida: en lugar de hueso, hueveras.

Material necesario
○ *huevera de cartón*
○ *tijeras*
○ *hilo*
○ *pinturas y detalles decorativos*
○ *pegamento*

1. Corta dos cazoletas adyacentes de la huevera.

2. Con la punta de una hoja de las tijeras practica una fina hendidura en cada cazoleta.

3. Recorta un triángulo entre las cazoletas para que las gafas se ajusten a la nariz.

4. Haz un agujerito en el extremo de las gafas y ensarta el hilo.
5. Pinta y pega detalles decorativos (recortes de papel de colores, etc.).

PERRITOS CALIENTES: FIDO Y EL TIEMPO

La próxima vez que arrecie el calor, observa a un perro. Al igual que tú, a Fido también le afecta la climatología. En lugar de saltar y correr con energía, permanece tumbado a la sombra y sólo se mueve cuando es absolutamente necesario. Y cuando se mueve, lo hace muuuy despacio. Asimismo, jadea constantemente. Es su forma de eliminar el exceso de calor corporal, ya que como sabrás, los perros no sudan.

Las mascotas se sienten incómodas cuando hace calor o frío, pero para los animales que viven en libertad, la climatología constituye un verdadero problema. El mal tiempo puede secar las fuentes de alimento, arrasar su hogar, congelar a sus crías y poner en serio peligro su supervivencia.

Los animales de sangre fría son particularmente sensibles a la climatología. Con este experimento comprobarás hasta qué punto afecta el frío y el calor a un animalito de sangre fría: la mosca doméstica. No te preocupes, no le harás ningún daño.

Material necesario
- *mosca*
- *tarro con tapa*
- *martillo*
- *clavo*

1. Practica diminutos orificios en la tapa del tarro para que la mosca tenga aire para respirar.
2. Mete la mosca en el tarro y ajusta la tapa.
3. Pon el tarro en el frigorífico durante media hora y luego sácalo. ¿Qué le ha pasado a la mosca? ¿Se mueve más despacio o más deprisa de lo que solía hacerlo? Cuando hayas terminado el experimento, suéltala.

Los insectos y otros animales de sangre fría, como por ejemplo las serpientes y las ranas, dependen de la climatología para regular su calor corporal. En el caso de los mamíferos, como nosotros, el calor corporal se mantiene más o menos estable independientemente del tiempo que haga en el exterior, pero los animales de sangre fría no controlan su propio sistema calorífico; su temperatura sube y baja a tenor de la temperatura ambiente. En los días fríos, están fríos; sus músculos carecen del calor suficiente para moverse demasiado, y en los días calurosos, su temperatura asciende, los músculos se calientan y pueden moverse a su antojo.

De ahí que a menudo puedas ver a las serpientes y lagartos tomando baños de sol; están captando el calor solar para elevar su temperatura corporal y poder mantenerse en actividad.

Pero ¿qué ocurriría si los mamíferos fueran como los animales de sangre fría y tuvieran que depender del tiempo para calentar sus músculos? Desde luego, no tendrías que preocuparte de sacar de paseo al perro en los días de frío invierno; sería incapaz de moverse... y tú tampoco.

¿Te imaginas que todos los bebés nacidos en invierno fueran chicos y los nacidos en verano fueran chicas? ¿Te parece una locura? Pues para las tortugas, lagartos y cocodrilos no lo es. Sus crías nacen de huevos y su sexo depende del calor o del frío que haga cuando se están desarrollando dentro del cascarón. Muchas tortugas tienen bebés-niña si la temperatura es elevada, y bebés-niño si es más fría. En el caso de los cocodrilos sucede todo lo contrario.

Las crías de la tortuga marina parecen disponer de un termómetro incorporado. Si los huevos eclosionan cuando hace calor, no se mueven; permanecen en sus nidos subterráneos en la arena hasta que la temperatura empieza a descender. Las tortugas recién nacidas tienen que arrastrarse por la arena de la playa hasta llegar al océano. Si intentaran hacerlo durante las horas diurnas de insolación, se «asarían». Asimismo, también serían una presa mucho más fácil para sus hambrientos depredadores. Al esperar a que descienda la temperatura, por la noche, las probabilidades de supervivencia aumentan en su largo periplo hasta el mar.

El frío reduce la actividad de algunas ranas y salamandras, hasta el punto de tardar hasta nueve veces más en salir del huevo. Si hace demasiado frío, la salamandra americana del noroeste incluso puede perder unas cuantas vértebras durante su desarrollo en el interior del huevo.

CON LA CABEZA EN LAS NUBES

¿Cómo sería la vida sin nubes? Muy seca y aburrida. Las nubes son verdaderos tanques de agua volantes; absorben y liberan el agua que necesitamos para sobrevivir. Por otro lado, hacen que la meteorología sea más interesante. Se forman y deshilachan sobre nuestras cabezas en un espectáculo sin fin. En esta sección crearás una nube en una botella y encontrarás algunos consejos para la observación de las nubes. ¡Incluso descubrirás cómo simular un rayo en la boca!

CREA UNA NUBE EN UNA BOTELLA

Si crees que las nubes sólo se forman en el cielo, estás muy equivocado. Puedes crear una mininube en la cocina.

Material necesario
- o *vela*
- o *tarro de cristal de boca estrecha (2 litros de capacidad)*

1. Vuelve el tarro del revés y sostén una vela ardiendo en el interior de la boca durante 5 segundos. Pide a un adulto que te ayude.

2. Espera hasta que el tarro se enfríe y luego coloca tu boca sobre la del tarro para que quede herméticamente cerrado. Sopla con fuerza, intentando que el aire penetre en el tarro.

3. Observa lo que ocurre al retirar la boca.

La nube en la botella se ha creado con los mismos «ingredientes» y de la misma forma que una nube real.

Has suministrado el primer ingrediente al dejar arder la vela en su interior (hollín). Las partículas de hollín son tan pequeñas que no puedes verlas, pero sin ellas no se formaría la nube.

Hay una infinidad de partículas diminutas en el aire que respiras. Proceden del hollín de los incendios forestales, polvillo volcánico, minúsculos fragmentos de roca, polen de las flores y sal de los océanos, amén de otras de origen artificial, como las expulsadas por el tubo de escape de los automóviles y el humo de las fábricas. En realidad, estas partículas son tan y tan microscópicas que las motitas de polvo domésticas parecen verdaderos monstruos.

El segundo ingrediente que necesitas para crear una nube es aire cálido

y húmedo. Lo has suministrado respirando en la botella. En un día frío puedes observar el vapor de agua al exhalar el aire. Aplica el aliento en el cristal frío de una ventana y verás cómo se adhiere a él.

Pero ¿dónde está el agua en el cielo? No puedes distinguirlo, pero está ahí. En un día de verano hay alrededor de ocho briks de leche llenos de agua en una porción de aire que llenaría un aula escolar. Esta agua ha sido absorbida de los lagos, ríos y mares mediante un proceso denominado «evaporación».

Ahora que tienes los dos ingredientes (partículas diminutas y aire húmedo), ¿cómo transformarlos en una nube?

Enfriándolas. El aire en el interior de la botella se ha enfriado repentinamente al retirar la boca. Del mismo modo, el aire en el cielo se enfría a medida que va ascendiendo, y parte del vapor de agua se «comprime» o condensa (realiza el experimento de esta página y compruébalo por ti mismo). Luego se transforma de nuevo en un líquido. ¿El resultado? Pequeñas gotitas de agua. Así pues, una nube no es sino una colosal acumulación de minúsculas gotas de agua.

CONTENIDO DE VAPOR DE AGUA

¿Qué contiene más vapor de agua, el aire caliente o el aire frío? Con este experimento lo descubrirás.

Material necesario
○ *2 bolsas de plástico limpias y de autocierre*
○ *frigorífico*

1. Hincha dos bolsas de plástico. Ciérralas herméticamente.

2. Mete una bolsa en el frigorífico durante 5 minutos. Deja la otra sobre una mesa.

3. Transcurridos los 5 minutos, saca la bolsa del frigorífico. Ábrela, sopla en su interior y ciérrala de inmediato. ¿Qué sucede? ¿Es capaz el aire de absorber todo el vapor de agua o una parte del mismo se condensa y se pega a la bolsa?

4. Haz lo mismo con la bolsa que no has metido en el frigorífico. ¿Cuánto vapor de agua se ha condensado esta vez? ¿Qué bolsa presenta una mayor condensación, la fría o la caliente? ¿Qué puede contener más vapor de agua, el aire frío o el aire caliente?

DESENCADENA UNA TORMENTA

Habitualmente las nubes tienen un aspecto pacífico, pero de repente se oscurecen y ¡BARRABUM!, LA TORMENTA ESTÁ SERVIDA.
¿Cuál es el origen de los rayos y los truenos? Estos dos experimentos te ayudarán a descubrirlo

UN RAYO EN LA BOCA

Tu boca tal vez sea el último lugar en el que podrías esperar encontrar un rayo, pero lo puedes conseguir simplemente mascando caramelos.

Material necesario
- *caramelos con sabor a gaulteria*
- *espejo*

1. Sitúate en una habitación sin luz y espera a que tus ojos se acostumbren a la oscuridad.

2. Mastica un par de caramelos con sabor a gaulteria con la boca abierta, ¡aunque te parezca una vulgaridad! Observa lo que ocurre en un espejo.

Al partir los caramelos con los dientes, fragmentas parte de los cristales de azúcar y creas miniislas de caramelo con cargas eléctricas diferentes. Saltan chispas entre los pedacitos de carga opuesta y puedes verlas gracias a la esencia de gaulteria.

Pues bien, los rayos reales se producen de una forma muy similar, con la única diferencia que allí no hay nada que fragmentar ni masticar. La tierra y la nube tormentosa desarrollan cargas eléctricas opuestas. La electricidad salta entre ambas al igual que las chispas que se formaron en tu boca.

En primer lugar, un «líder» se desprende de la nube, trazando un «pasadizo» caliente en el aire. A continuación, la electricidad sale impulsada desde la tierra, trazando otro pasadizo. Es lo que se denomina «rayo de retorno». En general, hay un par de rayos ascendentes y descendentes en un mismo disparo luminoso, ¡aunque el récord está en 26! Todo sucede tan deprisa que el ojo sólo percibe un solo destello.

UN TRUENO EN UNA LATA DE GASEOSA

Cuando el aire en el impulso eléctrico del rayo se calienta, ocupa más espacio. ¿Cómo se produce entonces el trueno? Compruébalo (y óyelo) tú mismo.

Material necesario
○ *lata de gaseosa llena y sin abrir*

1. Escucha el sonido que produce la lata al abrirla. Antes de hacerlo, el aire en el interior se halla bajo presión. Al abrir la lata liberas la presión y el aire se expande. Es precisamente este aire expandido el que provoca el sonido. Lo mismo ocurre con el trueno. Cuanto más rápidamente se expande el aire, más ruidoso será.

Los estrépitos «rompe-oídos» indican que el rayo ha caído cerca, y los más débiles significan que se ha precipitado más lejos. Puedes calcular la distancia a la que ha caído un rayo contando los segundos que transcurren entre éste y el trueno, y dividirlo por tres. Por ejemplo, si observas el relámpago y cuentas nueve segundos antes de oír el trueno, divide nueve por tres. La respuesta (tres) es el número de kilómetros que median entre el rayo y tu posición. Si ves el destello y oyes el «crac» al mismo tiempo, ¡el rayo ha caído sobre la posición que ocupas!

¿LO SABÍAS?

○ Mientras lees esto, se están produciendo 2.000 tormentas eléctricas en todo el mundo.
○ Un solo rayo contiene suficiente electricidad para suministrar energía a un hogar ordinario durante dos semanas.
○ Se producen un centenar de descargas eléctricas por segundo cada día.
○ Los rayos pueden tener una longitud de varios kilómetros, y muchos de ellos son tan estrechos como un dedo.

A VECES, LOS RAYOS IMPACTAN DOS VECES

Un rayo puede impactar dos veces en la misma persona. Y si no, pregúntaselo a Roy «Dooms» Sullivan, de Virginia, que recibió…¡siete descargas!

La Torre CN de Toronto, la estructura más alta del mundo, suele recibir 65 descargas al año.

OBSERVA LAS NUBES

La próxima vez que salgas de paseo observa las nubes. Allá en lo alto ocurren fenómenos asombrosos. Por ejemplo, un cúmulo, ese tipo de nube que parece una coliflor, puede alcanzar una altitud de 20 km. Lee esta sección y aprenderás más cosas acerca de las nubes.

¿CÓMO SE LLAMA ESTA NUBE?

Las nubes tienen nombres al igual que tú y tus amigos. Las tres familias principales son los cúmulos, los estratos y los cirros. Los **cúmulos** *se forman cuando una masa de aire caliente y húmedo flota sobre la superficie terrestre. Los* **estratos** *se forman cuando una capa de aire caliente y húmedo asciende o cuando lo hace empujado por otra capa de aire situada debajo de la misma. Y los* **cirros** *son cúmulos de cristales de hielo y forman su típica cola, como los cometas, cuando una parte de estos cristales empieza a caer. Para saber hacia dónde debes mirar en el cielo, consulta la página 90.*

Estelas de reactores

Los aviones a reacción forman cirros a gran altitud cuando el vapor de agua procedente de los motores se congela en forma de cristales de hielo. Estas nubes tienen un aspecto parecido a largas colas blancas. Puedes utilizarlas para saber qué tiempo hará. Si se desvanecen rápidamente, el tiempo será bueno, y si perduran, es probable que se avecine una tormenta.

A diferencia de la mayoría de las nubes, que están compuestas por vapor de agua, los cirros parecen manchitas en forma de «coma» y están a tal altitud que el agua se congela. Así pues, los cirros están repletos de cristales de hielo, no de agua. Menos mal que nunca producen lluvia, porque si no...

Grandes tortitas

Las capas planas de nubes que parecen cubrir todo el cielo se llaman estratos. No suelen tener más de 1 km de espesor, pero lo que les falta de altura lo tienen de extensión. Un solo estrato puede ser lo bastante grande como para cubrir toda la provincia de Alberta (Estados Unidos).

¿Lluvia? ¿Lluvia?

Las diminutas gotitas de vapor de agua que forman las nubes son demasiado ligeras para caer. Podrías contar hasta 15 millones de ellas en una sola gota de agua. ¿Qué tamaño tiene una gota de agua? Descúbrelo en la página 32.

Nubes de superficie

Cuando hay niebla puedes introducir la cabeza (y las demás partes del cuerpo) en las nubes. La niebla no es más que un estrato que flota a nivel de superficie. Pasea por la niebla y comprueba lo empapado que quedas. Esto es debido a que las gotas de agua de la nube se adhieren a tu cuerpo.

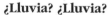

LLUEVE, NIEVA

La lluvia y la nieve son fenómenos atmosféricos muy comunes, pero ¿qué sabes acerca de ellas? Realiza este test para comprobarlo.

1. Una gota de lluvia es
   a. así de grande
   b. así de grande
   c. o así de grande
2. Las gotas de lluvia tienen forma de
   a. lágrima
   b. seta
   c. hamburguesa
3. Los copos de nieve tienen
   a. esta forma
   b. esta forma
   c. o esta forma

¿Tienes dudas? Continúa leyendo para conocer las respuestas a éstas y otras cuestiones relacionadas con la lluvia y la nieve.

CREA LLUVIA

Crear lluvia es pan comido. Todo cuanto necesitas es agua y una forma de calentarla y enfriarla. Prueba con esta receta para elaborar «lluvia de cocina», y luego compárala con la lluvia real.

Material necesario
○ *tetera eléctrica o tetera corriente y permiso para usar la cocina*
○ *recipiente metálico lleno de hielo*
○ *pinzas para sostener el recipiente*

1. Llena de agua la tetera hasta la mitad y enchúfala si es eléctrica. Si se trata de una tetera ordinaria, enciende un quemador de la cocina y colócala encima, a la máxima cocción.

2. Cuando el agua esté hirviendo y ascienda el vapor de agua, todo estará a punto para crear la lluvia. Sujeta con las pinzas el recipiente metálico lleno de hielo sobre el vapor. No necesitarás un paraguas, pero podrás observar unas cuantas gotitas de lluvia casera que se desprenden de la base del recipiente.

En la naturaleza, la lluvia se forma de un modo similar. El sol calienta el agua de los lagos, ríos y océanos, que se evapora y asciende. Luego se enfría, condensa y cae de nuevo a la tierra en forma de lluvia.

¿Qué ocurre en el interior de una nube para que se forme la lluvia? En algunas nubes las gotitas de agua se congelan y se transforman en diminutos cristales de hielo que flotan en la parte superior fría de la nube. A medida que se adhieren más y más gotas de agua a los cristales, aumentan de peso y empiezan a precipitarse. Durante su recorrido ab-sorben más agua y aumentan de tamaño. Si estos cristales de hielo pasan a través de una capa de aire caliente antes de llegar a tierra, se funden y producen lluvia. En caso contrario, caen en forma de lluvia helada, granizo o nieve.

En las nubes en las que no hay cristales de hielo, como en los trópicos, las gotas de agua se adhieren unas a otras y se condensan muchísimo hasta que... empiezan a caer, pudiendo alcanzar una velocidad de hasta 9 m por segundo, lo que equivale al desplazamiento de una bicicleta a la máxima velocidad.

LLUVIA ROJA, VERDE...

Aunque parezca increíble, la lluvia puede presentar innumerables tonalidades:

- En Italia, en 1755, llovió y nevó de color rojo, a causa de las pequeñas partículas de arcilla que flotaban en el aire.
- En el estado de Nueva York llovió en negro, y en 1933, en Vermont, de color marrón, después de una colosal tormenta de polvo que saturó el aire.
- Más recientemente, el 5 de mayo de 1987, cayó lluvia verde en Moscú, debido probablemente al polen de este color en suspensión.

Estas lluvias cromáticas se desencadenan cuando las gotas de agua absorben partículas de polvo o polen coloreados mientras caen.

OBSERVA UNA GOTA DE LLUVIA

Es difícil atrapar una gota de lluvia y medirla, pero existe un modo de conservar una para poder examinarla detenidamente.

Material necesario
○ *tapa de una caja (de zapatos, por ejemplo)*
○ *harina*
○ *cuchillo*
○ *colador de trama fina*
○ *cuenco*

1. Echa harina en la tapa, formando una capa de 1 cm de espesor.

2. Usa el cuchillo para alisar la superficie de la harina para que quede a nivel.

3. Un día lluvioso coloca la caja en el exterior hasta que algunas gotas hayan salpicado en la harina.

4. Una vez en casa, pasa la harina por el colador, poniéndolo sobre un cuenco para recoger la harina y poder utilizarla para cocinar. ¿Observas algún grumo en el colador? Son gotas de lluvia.

¿Qué tamaño tienen las gotas que has recogido? Lo más probable es que sean diferentes. Los científicos han descubierto que algunas gotas son cinco veces más grandes que otras.

pequeñas (2 mm)
medianas (3 mm)
grandes (6 mm)
súper grandes (1 cm)

¿Qué forma tienen? Si pudieras observar una gota de lluvia antes de caer al suelo, te llevarías una sorpresa. En realidad no tienen forma de lágrima, sino que parecen pequeñas hamburguesas. ¿Por qué? Aunque a decir verdad son esféricas cuando empiezan a precipitarse, la resistencia del aire durante su trayectoria descendente las aplasta.

ÍNDICES DE PLUVIOSIDAD

Si vivieras en el monte Waialeale, en Hawai, tendrías muchas oportunidades de estudiar las gotas de lluvia, ya que llueve casi constantemente. En realidad, el monte Waialeale es el lugar más húmedo de la Tierra, con una media anual de pluviosidad de 11.684 mm. Si toda la lluvia cayera de una sola vez, sumergiría un edificio de tres plantas. Hace un siglo, en Cherrapunji, India, se registró más del doble de aquella cantidad (26.461,2 mm) en un año.

Los científicos miden la cantidad de lluvia mediante un pluviómetro. Veamos cómo puedes construir uno.

Material necesario
○ *vaso cilíndrico*
○ *regla*
○ *cinta adhesiva transparente*

1. Sostén el vaso al nivel de los ojos y coloca la regla tal como se ilustra. Se trata de medir el contenido del vaso, no el de la base del vaso. Sujétalo con cinta adhesiva.
2. Pon el pluviómetro en el exterior, sobre una superficie plana.
3. Después de una lluvia, mide la cantidad de agua que ha caído y compárala con el registro oficial en el periódico del día siguiente. ¿Ha sido precisa tu medición?

¡NO OLVIDES EL PARAGUAS!

Te dispones a salir de casa para ir a la escuela. ¿Lloverá o no?

Vas muy cargado con la mochila y los libros, de manera que decides dejar el paraguas en el armario. A dos manzanas de la escuela empieza a llover. Te tapas con una carpeta para mojarte lo menos posible, aunque lo único que consigues es humedecer y emborronar los deberes. Se te llenan los zapatos de agua, y cuando llegas al patio de la escuela, tienes la ropa y el pelo empapados..., además de un humor de mil demonios.

Lo que necesitas, además de un paraguas, es una forma de predecir la lluvia antes de que empiece a caer. Con los años la gente ha ideado algunos predictores de lluvia. ¿Hasta qué punto crees que dan resultado?

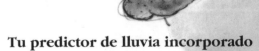

Tu predictor de lluvia incorporado

Tienes un espléndido predictor de lluvia creciendo en la cabeza. En efecto, a medida que el aire es cada vez más húmedo, lo cual a menudo constituye un signo de lluvia inminente, el pelo se eriza hasta un 2%.

En 1783 se inventó un higrómetro de pelo, hirviendo previamente un pelo largo en sustancias químicas para eliminar los aceites naturales. Los experimentos demostraron que los pelos rubios funcionaban mejor. Luego se ataba a una aguja, que se movía a medida que el pelo se alargaba o acortaba, indicando cuándo se avecinaba una tormenta.

Predictores vegetales

Los jardineros británicos suelen fijarse en los murajes rojos, una planta, para saber si va a llover. Si la humedad relativa (cantidad de agua en el aire) asciende hasta el 80%, la flor del muraje se cierra, probablemente para proteger los órganos interiores de los posibles daños que podrían ocasionar las gotas de agua. En tal caso, los jardineros cogen sus paraguas.

También se utilizan otras plantas para predecir la lluvia, como por ejemplo los arces rojos y plateados, y los álamos, que invierten sus hojas cuando amenaza lluvia.

Enciende la radio

Si tu radio AM emite crujidos y chirridos estáticos, no sólo esperes lluvia; prepárate para una buena tormenta. La radio capta las descargas eléctricas procedentes de los rayos. Tal vez no puedas verlos; podrían estar saltando de nube en nube en lugar de caer al suelo. Así pues, estáte alerta. A menudo, los chasquidos en la radio (los científicos los llaman «esféricos») van seguidos de un «BARRABUM».

Mata una araña y lloverá

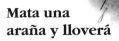

Desde luego, nada de lo que puedas hacer a una araña o a cualquier otro animal desencadenará la lluvia, pero lo que sí puedes hacer es observarlos, sobre todo los insectos, para saber cuándo está a punto de llover. Las abejas, por ejemplo, se reúnen en el panal. Cuando comprenden que se avecina una tormenta, permanecen en casa.

Las hormigas y las moscas también suelen ser buenos predictores de la lluvia. La próxima vez que el parte meteorológico anuncia lluvias, verifica la precisión de dos viejas creencias:

- Espera un tiempo tormentoso cuando las hormigas avanzan en fila, y buen tiempo cuando se dispersan.
- Espanta una mosca que se haya posado en tus calcetines. Si sale volando y regresa de nuevo, lloverá.

¿PICNIC O CHARCOS?

Actualmente existen sofisticados instrumentos para predecir la climatología, pero aun así sigue siendo difícil preverla con precisión. Quizá hayas oído hablar a los meteorólogos de las «probabilidades» de que llueva. Un 10% de probabilidades significa que hay una posibilidad entre diez de que llueva durante las horas diurnas en la zona en la que resides, y un 90% significa... ¡anula el picnic!

35

CREA UN ARCO IRIS EN EL JARDÍN

Si oyes decir a alguien: «Reptiles alados almuerzan voraces alubias al vapor», es normal que no tengas ni idea de lo que está hablando. ¿Un acertijo? Tal vez, aunque también podría estar hablando de los arcos iris.

Las iniciales de «Reptiles alados almuerzan voraces alubias al vapor» forman las siglas RAAVAAV, es decir el orden de los colores de un arco iris: (R)ojo (A)naranjado (A)marillo (V)erde (A)zul (A)ñil y (V)ioleta. En efecto, los colores del arco iris siempre aparecen en este orden. Ya tienes una forma fácil de recordarlo.

La gente siempre se ha sentido fascinada por los arcos iris. Estos relucientes «puentes celestes» parecían tan asombrosos que corrían toda clase de relatos para explicarlos. Uno de los más famosos era la leyenda del saco de oro al final del arco iris. Descubre si había algo de verdad en aquella vieja historia recreando uno en el jardín.

Lo único que necesitas es una manguera con una boquilla pulverizadora. Sitúate de espaldas al sol, abre el grifo y forma un arco de finísima agua pulverizada. Obtendrás mejores resultados si lo haces al atardecer, poco antes del ocaso. Mantén la manguera a la altura de la vista. Con un poco de práctica, podrás observar un arco iris.

¿Qué produce los colores? La luz solar contiene todos los colores que ves en el arcos iris, aunque habitualmente están mezclados, de manera que no puedes distinguirlos. Cuando la luz penetra en una gota de agua o en el espray de una manguera, sus rayos se desvían y los colores se separan.

Un buen momento para ver arcos iris es a primera hora del día o a última hora de la tarde, es decir, cuando el sol acaba de salir por el horizonte o cuando está a punto de ponerse. Los arcos iris más nítidos aparecen poco después de una tormenta, cuando el cielo se despeja, luce el sol y las gotas de lluvia en suspensión tienen un tamaño considerable. Con un poco de suerte incluso podrías ver un doble arco iris. El segundo está situado fuera del arco iris principal. Sus colores son más pálidos y se muestran en orden inverso.

Si no tienes la suerte de ver un arco iris, prueba con un «arco-luna». Intenta descubrirlo después de haber llovido en una noche de luna llena, poco antes de que haya salido. Tendrás todos los ingredientes necesarios para disfrutar de un maravilloso arco-luna o arco iris: gotas de lluvia en el aire y luz. ¿Se te ocurre alguna otra ocasión en la que puedas disponer de estos dos ingredientes? En-contrarás la respuesta en la página 93.

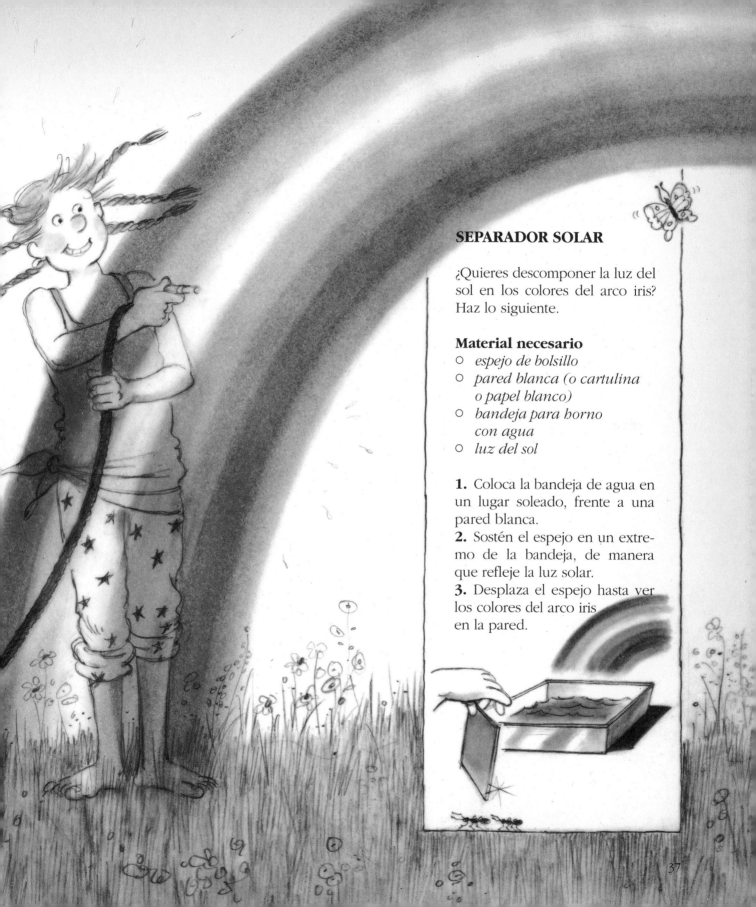

SEPARADOR SOLAR

¿Quieres descomponer la luz del sol en los colores del arco iris? Haz lo siguiente.

Material necesario
- *espejo de bolsillo*
- *pared blanca (o cartulina o papel blanco)*
- *bandeja para horno con agua*
- *luz del sol*

1. Coloca la bandeja de agua en un lugar soleado, frente a una pared blanca.

2. Sostén el espejo en un extremo de la bandeja, de manera que refleje la luz solar.

3. Desplaza el espejo hasta ver los colores del arco iris en la pared.

¡BRRRRRRRRR!

Si vives en un área en la que los inviernos son fríos, he aquí algunos objetos que podrían caerte en la cabeza, congelarte los dedos y adherirse a las botas. Si quieres disfrutar al máximo del invierno, esquía, haz muñecos de nieve o juega con un trineo.

¡Ayyyyy!

Estás dando un paseo en pleno invierno cuando de repente algo frío y húmedo te golpea en la cabeza. No se trata de lluvia, ni tampoco de nieve. ¿Qué es? Cristales de hielo, o granizo según lo denominan los meteorólogos. El granizo se forma cuando las gotas de lluvia se congelan al atravesar una capa de aire fría antes de caer al suelo. También se forman cuando los copos de nieve se funden y recongelan mientras caen. ¡Súbete el cuello del abrigo y mira bien dónde pisas!

Récord de nieve

Durante el invierno de 1921, los habitantes de Silver Lake, Colorado (Estados Unidos), quedaron asombrados. En sólo veinticuatro horas se formó una gruesa capa de nieve de 1,93 m.

Cuando nieva tienes dos alternativas: esperar a que llegue la primavera o darle a la pala. El peso de 20 cm de nieve en una acera, ocupando una longitud de dos automóviles, es de unos 200 kg. Así pues, en Silver Lake, la nieve habría pesado casi 2 toneladas... ¡más que dos grandes osos polares!

APRENDIENDO DE LOS ANIMALES

¿Cómo sobreviven los animales en invierno sin jerséis ni una casa con calefacción? Veamos algunos de los métodos que suelen utilizar:

- Aislamiento. Los animales disponen de una capa extra de grasa y les crece el pelaje o el plumaje. También tú puedes aislarte del frío con varias capas de ropa. El aire que queda atrapado entre ellas te calentará.

- Conservar la energía. Los osos y otros animales hibernan durante el invierno, e incluso los que no lo hacen, se muestran menos activos cuando hace frío. ¿Por qué? Pues porque de este modo consumen menos energía; la utilizan para mantenerse calientes.

- Apiñarse. Aprende la lección de los pájaros chickadee y las culebras de jareta, que se acurrucan en grandes grupos para reducir la pérdida de calor.

Hielo

Cuando llueve y el agua se hiela al caer al suelo, tienes... ¡problemas! La lluvia helada puede convertir la ciudad en una inmensa pista de patinaje. La gente resbala y se cae, los coches patinan y sus neumáticos girar alocadamente, incapaces de adherirse al suelo, y los árboles crujen bajo el peso del hielo. Pesados fragmentos de hielo se desprenden de los edificios abollando los automóviles y rompiendo ventanas. Incluso una fina capa de hielo es suficiente para cortar las líneas telefónicas y de suministro eléctrico.

ATRAPA UN COPO DE NIEVE

¿Cómo se puede coger algo que se funde al tocarlo? No es tan difícil como parece.

Material necesario
- *portamuestras de microscopio limpio (o acetato de diapositiva)*
- *plástico o laca transparente en espray (en las ferreterías o comercios de bellas artes)*
- *pinzas*
- *lupa*

1. Pon el portamuestras y el espray en el frigorífico y déjalos enfriar, a ser posible durante toda la noche.
2. Cuando quieras recoger un poco de nieve, saca con las pinzas la diapositiva del frigorífico y rocíala con una fina capa de espray plástico por una cara. Inclínala para eliminar el exceso de producto. Manipula siempre el portamuestras con las pinzas, pues de lo contrario, el calor de las manos lo calentará.
3. Coloca la diapositiva en el exterior y espera a que nieve sobre ella.
4. Siempre con las pinzas, pon el portamuestras en un lugar protegido para que no se depositen más copos de nieve en él. Déjalo al aire libre durante una hora.
5. Lleva la diapositiva a casa y obsérvala con una lupa; podrás ver la impresión plástica de tu copo de nieve.

¿Tiene seis puntas, como los que puedes recortar con un papel doblado? Compáralo con una de las siete formas básicas. Es posible que no sea idéntico, pero mostrará un innegable parecido.

ROSETÓN

ESTRELLA

CRISTAL IRREGULAR

COLUMNA

DENDRITA ESPACIAL

AGUJA

¿QUÉ SABES DE LA NIEVE?

Pon a prueba tus conocimientos con este test. Encontrarás las respuestas en la página 93.

1. En algunas áreas del oeste de Canadá ha caído nieve rosa.
  a. Verdadero
  b. Falso

2. Un gran copo de nieve cae a una velocidad de:
  a. 0,5 km/h
  b. 5 km/k

3. En ocasiones hace demasiado frío para que nieve.
  a. Verdadero
  b. Falso

4. ¿Qué tamaño tenía el copo de nieve de mayor tamaño jamás registrado?:
  a. El tamaño de un *puck* de hockey
  b. El tamaño de un plato de pan y mantequilla
  c. Más grande que un disco LP de vinilo

5. Si fundieras 25 cm de nieve en un cubo, ¿cuánta agua recogerías?
  a. 12 cm
  b. 2,5 cm

ESTÁ EN EL VIENTO

No puedes verlo, pero sí sus efectos. Te despeina, arrastra por la calle
las latas de refresco vacías y aúlla entre las ramas de los árboles como
un fantasma de mal humor. Sopla, silba y revolotea cada día a nuestro
alrededor. ¿Cómo se produce el viento? Sujétate la gorra y sigue
leyendo.

¿CÓMO SE ORIGINA EL VIENTO?

Hace mucho tiempo, los japoneses creían que un dios llamado Fu Jin tenía una enorme bolsa de viento. Si la abría un poquito, soplaba una ligera brisa, y si la abría por completo... ¡FUUUUU!

Otras culturas creían que los vientos estaban encerrados en una cueva o que los creaba un dios al accionar un fuelle en el cielo. Hoy en día sabemos muchas más cosas.

El viento se forma cuando el aire fluye de un área de altas presiones a otra de bajas presiones. Cuando pulsas el botón de un aerosol, el aire comprimido a alta presión que hay en su interior se libera en el aire exterior, que se halla a baja presión.

Desde luego, en el cielo no hay ningún aerosol, pero sí áreas de altas y bajas presiones. El sol calienta algunas partes de la Tierra más que otras. El aire situado encima de estos «puntos calientes»

también se calienta y asciende, formando un área de baja presión. El aire fluye desde las áreas de altas presiones a las de bajas presiones, a menos que algún fenómeno meteorológico altere este flujo normal.

¿Qué es lo bastante grande como para cambiar la dirección del viento? La rotación de la Tierra, que lo obliga a girar a la derecha en el hemisferio norte y a la izquierda en el hemisferio sur. Las montañas, edificios y bosques también pueden alterar la dirección del viento, al igual que las rocas modifican el curso habitual de una corriente de agua.

AVERIGUA DE DÓNDE PROCEDE EL VIENTO

Los vientos del norte soplan de norte a sur, los del sur lo hacen de sur a norte, etc. El nombre de los vientos deriva de su lugar de procedencia. Comprueba qué viento está soplando con esta sencilla veleta.

Material necesario

- *regla*
- *rotulador*
- *pieza cuadrada de madera*
- *martillo*
- *2 clavos de 7,5 cm de longitud*
- *tapón de corcho*
- *capuchón de bolígrafo*
- *pluma con la cánula larga*
- *brújula*

1. Busca el punto medio en los cuatro lados de la pieza de madera y marca con el rotulador las direcciones norte, sur, este y oeste en los cuatro puntos medios.

3. Con el martillo, coloca un clavo hasta medio vástago en el centro de la pieza, procurando que quede bien recto. El clavo debería sobresalir unos 5 cm.

4. Utiliza el otro clavo para practicar un orificio en el tapón de corcho, lo bastante ancho para que quepa la mayor parte del capuchón. Si no quede bien sujeto, pégalo.

5. Pega la pluma sobre el tapón, tal como se observa en la ilustración.

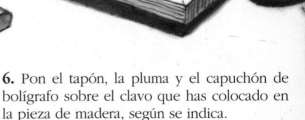

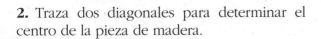

2. Traza dos diagonales para determinar el centro de la pieza de madera.

6. Pon el tapón, la pluma y el capuchón de bolígrafo sobre el clavo que has colocado en la pieza de madera, según se indica.

7. Usa la brújula para alinear el norte de tu veleta con el norte magnético.

8. Observa la veleta cuando sople el viento. El extremo puntiagudo de la pluma siempre apuntará en la dirección del viento y así sabrás de dónde procede.

¡VIENTO VA!

Si dejas el libro por un momento y sales de casa, hay muchas probabilidades de que te de en la cara el viento..., un viento procedente de centenares de kilómetros de distancia. Los vientos nunca descansan; si lo hicieran, ya no serían vientos, sino aire en calma.

Aunque no te des cuenta, existen cientos de vientos diferentes. Algunos de ellos, como los que se ilustran en este globo terráqueo, recorren miles de kilómetros al año. Éstos son los grandes vientos de la Tierra.

VIENTOS DEL ESTE

VIENTOS DEL OESTE

CALMAS SUBTROPICALES

VIENTOS DEL NORDESTE

CALMAS ECUATORIALES

VIENTOS DEL SUDESTE

CALMAS SUBTROPICALES

VIENTOS DEL OESTE

VIENTOS DEL ESTE

Otros vientos soplan sólo en algunos períodos del año y en uno o dos países. En India, por ejemplo, los monzones azotan desde el océano Índico durante el verano y su humedad desencadena lluvias torrenciales. En invierno, los vientos invierten la dirección y soplan calientes y secos. Es así como los monzones proporcionan a India una estación húmeda y una estación seca.

Por último, existen vientos locales que duran algunas semanas, o incluso unas pocas horas. Si vives cerca del mar o de un gran lago, es probable que durante el día sople una ligera brisa procedente de la masa de agua. Esta brisa se forma porque el aire situado sobre la tierra se calienta más que el que está situado sobre el agua. El aire caliente tiene una presión inferior a la del aire más frío. Este aire más frío, situado sobre el mar, procedente de áreas de presiones más elevadas, fluye hacia áreas de tierra de presiones más bajas. Por la noche, el proceso se invierte. La brisa sopla desde la tierra hacia el agua.

Los vientos que siempre soplan a la misma hora o de la misma forma reciben distintos nombres. Algunos suenan... ¡a animales del zoo! Fíjate si no: elephanta, haboob, zonda y williwaw, por ejemplo, mientras que otros, tales como xlokk, simún, kwat y bhot, parecen un menú de cocina rápida marciana (si quieres saber dónde soplan, consulta la página 93). Si tuvieras la oportunidad de bautizar un viento, ¿qué nombre le pondrías?

¿A qué velocidad se desplaza el viento?

No hace falta disponer de sofisticados instrumentos para saber a qué velocidad sopla el viento. Basta con una escala de Beaufort, un sistema de medición eólica inventado por sir Francis Beaufort, un almirante británico (véase p. 91; escala de Beaufort), que describe el comportamiento del viento a diferentes velocidades. Así, por ejemplo, si oyes el viento silbar entre los cables del tendido eléctrico y te resulta difícil controlar un paraguas, debes saber que te está barriendo un viento de fuerza 6, que puede viajar a 50 km/h.

El 12 de abril de 1934 los vientos en la cima del monte Washington, en Estados Unidos, rebasaron el límite superior de la escala de Beaufort, estableciendo un récord de 371 km/h.

PRECAUCIÓN: VIENTOS EN ACCIÓN

Si pudieras dominar los vientos al igual que domas un caballo, podrías conseguir que hicieran un montón de cosas para ti. ¿Por qué? El aire en movimiento tiene energía. ¿Quieres verla?

Material necesario
- hoja de papel grueso y cuadrado de 15 cm de lado
- lápiz
- regla
- tijeras
- cinta adhesiva
- tachuela
- palito de helado o cilindro largo de cartón o cartulina

1. Traza dos diagonales en el papel tal como se indica en la ilustración, y recorta los vértices hasta los puntos.

2. Dobla las esquinas del papel una a una y sujétalas con cinta adhesiva.

3. Clava la tachuela en el centro del papel y en el palito o cilindro. Procura que no quede demasiado apretada, pues de lo contrario el molinete no giraría.

4. Orienta el molinete al viento y espera a que empiece a girar. Observa los efectos de la energía del viento.

Si construyeras un molinete gigante con materiales robustos, podrías aprovechar el movimiento de rotación para hacer girar otras cosas o incluso para producir electricidad. Esto es precisamente lo que hacen los molinos. Si fuera posible controlar el poder de todo el viento del mundo, sería suficiente para satisfacer todas las necesidades energéticas de nuestro planeta.

OTROS EFECTOS DEL VIENTO

No hay duda, los vientos nos refrescan y en ocasiones incluso nos calientan, además de barrer las nubes, la niebla y la polución. Pero también pueden hacer otras cosas.

Erosión

El viento erosiona todo cuanto toca, incluyendo el rostro de esta esfinge. La erosión eólica puede arrancar la tierra fértil de cultivo de los granjeros y depositarla a centenares de kilómetros de distancia. En la primavera de 1989, tal fue la erosión en los campos de Saskatchewan, que la naturaleza tardará quinientos años en sustituirla.

SEMILLA DE DIENTE DE LEÓN

BAYA DE ARCE

Autostopistas

El viento transporta las semillas de las plantas y árboles hasta nuevos lugares de crecimiento. He aquí dos semillas campeonas del auto-stop: una gira como un helicóptero y la otra flota como un paracaídas. ¿Cuál es cuál?

Navegando, navegando

En el pasado, el único modo de cruzar el Atlántico era en barco. Si los vientos no soplaban, los barcos no navegaban. Los marineros bautizaron con diferentes nombres los diferentes tipos de viento. Así, por ejemplo, los del este y el oeste se denominaban «vientos mercantes». Eran tan fiables, que los mercaderes podían tener la seguridad de poder entregar a tiempo la mercancía. Por otro lado, había que evitar a toda costa las zonas de viento en calma, llamadas «latitudes del caballo». En efecto, si los navíos que transportaban caballos hubieran quedado embarrancados en una zona de vientos en calma y se hubiera agotado el alimento, los marineros no hubiesen tenido otro remedio que tirar por la borda a las pobres bestias.

Hoy en día cruzamos los océanos en avión, que utiliza corrientes de aire a reacción al igual que los marineros usaban el viento. El aire en los reactores se puede desplazar a 360 km/h, acortando el viaje entre Europa y América del Norte en una hora.

ESTÁ EN EL AIRE

En el aire hay muchas más cosas de las que puedes ver. Si quieres averiguarlo, realiza el siguiente experimento.

Material necesario
○ *bandeja para horno limpia*
○ *filtro de café*
○ *portafiltros de café*

1. Llena de agua la bandeja y colócala al aire libre. Déjala dos días.
2. Pon el filtro de café en el portafiltros y cuela el agua de la bandeja. Observa lo que ha quedado

en el filtro. ¿Nada? Has tenido suerte. En la mayoría de las ciudades el filtro, y en consecuencia el aire, está saturado de partículas. Las que puedes apreciar a simple vista son las gigantescas. Existen otras más invisibles, tanto que podrías reunir miles de millones de ellas en un dedal. En efecto, en una gran urbe pueden haber hasta cien mil partículas visibles e invisibles en un dedal de aire. Si quieres disfrutar de un paraje más puro, prueba en medio de un océano o en el polo norte o polo sur, donde habitualmente encontrarás alrededor de trescientas.

¿De dónde proceden todas estas partículas? Los volcanes e incendios forestales liberan a la atmósfera una infinidad de ceniza y hollín; el polen, pedacitos de telaraña y otros fragmentos de plantas flotan en las corrientes de aire; y por último, fragmentos de rocas y sal procedentes del agua del mar. Esta polución natural es necesaria, pues contribuye a formar las nubes y a que llueva.

El problema es que el ser humano ha añadido más polución con el consumo de combustible de los automóviles, la calefacción y las máquinas y fábricas. Esta polución es peligrosa, pues se mezcla con el agua de la atmósfera y provoca lluvias ácidas, destruye la capa de ozono que protege la Tierra de los rayos ultravioletas del sol y cambia la climatología.

Es muy probable que una parte de esta polución tan perjudicial también haya quedado atrapada en el filtro de café. Si quieres saber más cosas acerca de los efectos de la polución, lee la página siguiente.

LA NIEVE... ¿QUÉ CONTIENE?

Puedes verificar la cantidad de polución en la nieve casi de la misma forma con la que experimentaste con el aire. Recoge varios vasos de nieve de diversos lugares del jardín y toma una muestra de la acera. Deja que se funda y pasa el agua por un filtro de café. ¿Cuánta suciedad has atrapado?

S.O.S. PLANETA TIERRA

¡Pobre planeta Tierra! La polución la está enfermando, y cuando la Tierra enferma, también lo hace el clima. Veamos cuáles son las tres «patologías polucionantes» principales que amenazan la climatología terrestre… y lo que puedes hacer para combatirlas.

1. DESTRUCCIÓN DE LA CAPA DE OZONO

En cierto modo, la Tierra se parece un poquito a ti. Demasiado sol puede quemarte la piel. Hasta no hace muchos años, nuestro planeta ha estado protegido de los perjudiciales rayos solares por una capa de gas ozono que actuaba a modo de filtro solar.

Luego, la contaminación empezó a atacar esa capa y a agujerearla. El primer agujero se descubrió en 1982, en la Antártida. Tenía el tamaño de Estados Unidos. Cuatro años más tarde, se descubrió otro agujero más pequeño en el Ártico. Estos agujeros y la pérdida de espesor de la capa de ozono dejan pasar los rayos solares, que pueden provocar cáncer de piel en el ser humano, dañar a las criaturas marinas que viven cerca de la superficie del agua y reducir las cosechas (trigo, arroz y soja).

Pero ¿qué se está comiendo la capa de ozono?

Los clorofluorocarbonatos, o compuestos que contienen ácido clorhídrico, ácido fluorhídrico y carbono. Hasta hace poco se empleaban en la fabricación de aerosoles, pero actualmente los gobiernos de Canadá y Estados Unidos los han prohibido. Sin embargo, los clorofluorocarbonatos se siguen utilizando, como por ejemplo, en los frigoríficos y acondicionadores de aire, y en los envases de espuma en los que se suele servir la comida rápida.

Puedes ayudar a proteger la capa de ozono declarándote «en huelga», es decir, negándote a usar envases de espuma. Comenta en los supermercados y restaurantes que no te gustan y diles por qué. Pregúntales si podrían sustituirlo por otra cosa.

En casa procura reciclar los envases de espuma. Utiliza los envases de hamburguesas a modo de minifrigoríficos para mantener fresco el desayuno o el almuerzo escolar o para guardar cosas en ellos. Siembra semillas en hueveras de espuma (la próxima vez compra los huevos en hueveras de cartón). Incluso puedes construir un fantástico planeador con una bandeja de poliestireno.

LA BANDEJA VOLANTE

Material necesario

○ *bandeja de poliestireno limpia (de las que se usan en las carnicerías)*
○ *rotulador*
○ *papel adhesivo de celofán*
○ *tijeras*
○ *regla*

1. Recorta los bordes curvados de la bandeja y forma un cuadrado con la espuma restante.
2. Dibuja un triángulo con el rotulador y recórtalo con las tijeras. El triángulo grande constituirá las alas del aeroplano, y uno de los triángulos pequeños, el timón. Tira el otro triángulo pequeño.

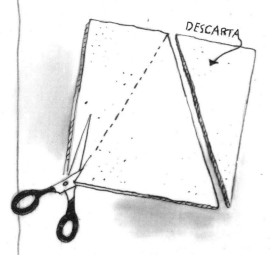

DESCARTA

3. Practica una hendidura en el punto medio del triángulo grande, lo bastante ancha como para poder ajustar otra pieza de poliestireno.

4. Practica otra hendidura en el punto medio del timón según se indica en la ilustración, de la misma anchura que la anterior.

RECORTA

5. Recorta el frontal del timón en ángulo.
6. Introduce el timón en el ala, de tal modo que las dos hendiduras encajen a la perfección.
7. Si el timón queda un poco suelto, asegúralo con cinta adhesiva. Una vez encajado, debe sobresalir un poco del borde posterior del triángulo grande. Traza una línea en el timón tal como se indica.
8. Haz un corte de 1 cm de longitud a cada lado del timón, y luego traza una línea de doblez. Estos flaps o alerones permitirán al aeroplano describir una trayectoria ascendente o descendente.

2. INDIGESTIÓN ÁCIDA

Las nubes y la lluvia constituyen el sistema digestivo del clima. La atmósfera «bebe» el agua de los lagos, ríos y océanos, y la «orina» lo devuelve en forma de lluvia. ¿Qué ocurre cuando los ácidos envenenan el sistema? La lluvia ácida entra en escena, matando los lagos y las criaturas que viven en ellos, echando a perder las cosechas e incluso erosionando gravemente los edificios, puentes y estatuas.

El ácido en la lluvia procede del escape de sustancias químicas que expulsan los automóviles y del humo que desprende el carbón y el petróleo al arder. Dado que estas partículas químicas son muy pequeñas, pueden recorrer grandes distancias gracias a la acción del viento antes de precipitarse de nuevo en la tierra. Esto significa que la polución ácida creada en un país puede caer en forma de lluvia en otro. Por ejemplo, la mitad de la lluvia ácida que cae en Canadá tiene sus orígenes en Estados Unidos, y la de Canadá acaba en Escandinavia.

La lluvia ácida se puede reducir de distintas formas. Las industrias que emplean carbón o petróleo pueden depurar las emisiones gaseosas a la atmósfera con dispositivos en las chimeneas que filtren las sustancias químicas presentes en el humo y que provocan la lluvia ácida. ¿Qué podrías hacer para aportar tu granito de arena? Lee el recuadro de la página siguiente.

3. LA «FIEBRE» DEL EFECTO INVERNADERO

¿Qué sucede cuando tienes fiebre? Tu temperatura sube y tienes calor, ¿verdad? Pues bien, podríamos decir que a la Tierra le está subiendo la fiebre. La temperatura de nuestro planeta asciende paulatinamente y cada vez está más caliente. ¿Cuál es la causa de esta fiebre?

Si has tenido la ocasión de visitar un invernadero habrás observado que hace más calor dentro que fuera. Esto es debido a que el calor del sol queda atrapado en interior por el cristal.

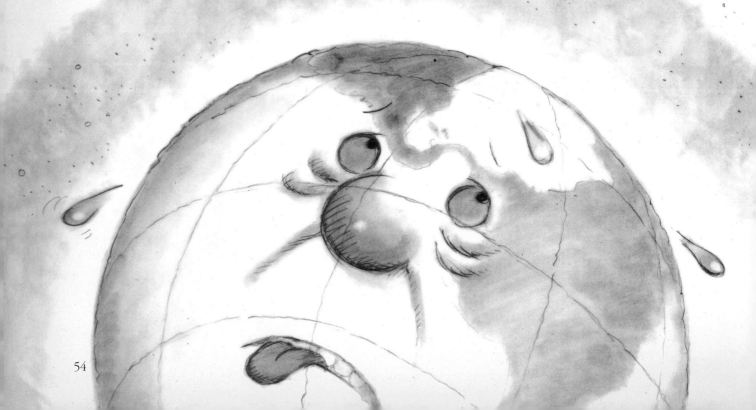

Lo mismo le está ocurriendo a la atmósfera, con la única diferencia de que en lugar de cristal hay gases que atrapan la radiación solar. Los «gases del invernadero» son partículas de polución producidas al quemar carbón, petróleo y otros combustibles, sin mencionar los clorofluorocarbonatos, que no hacen sino empeorar notablemente la situación.

A primera vista, podría parecer estupendo disponer de un clima más cálido. ¡Fuera botas y jerséis, y más tiempo en la playa! Pero bastan unos pocos grados más para que ocurran un sinfín de cosas:

- Las áreas de cultivo se convierten en desiertos.
- Desaparición de la vida salvaje; el hombre transforma los hábitats de animales en tierras de cultivo.
- Sequías en algunas áreas y un exceso de lluvias en otras.
- Desaparición de bosques en algunas regiones antes de que tengan la oportunidad de extenderse hasta nuevas áreas de crecimiento.
- Fusión de los casquetes polares que rodean el polo norte y el polo sur, con el consabido aumento del nivel del agua oceánica e inundaciones en las áreas costeras.

Vivir en un invernadero podría ser genial para un tomate, pero es un grave problema para la Tierra. Para saber cómo podrías contribuir a detener este «efecto invernadero», consulta el recuadro de esta página.

AYUDA A CURAR LA INDIGESTIÓN ÁCIDA Y LA FIEBRE DE LA TIERRA

No existe ninguna cura milagrosa para las enfermedades derivadas de la polución, tales como la lluvia ácida y el efecto invernadero, pero puedes hacer algunas cosas:

- Escribir una carta al presidente del gobierno o a un diputado en el Parlamento pidiendo leyes que corten de raíz la polución que provoca la lluvia ácida y el efecto invernadero. Teniendo en cuenta que se trata de problemas globales, también puedes dirigirte a los líderes de otros países. Cada vez que las autoridades reciben una carta, dan por sentado que otras veinte personas piensan igual. Los políticos necesitan nuestros votos para poder seguir haciendo su trabajo, de ahí que las cartas sean armas muy poderosas.
- Convertir el coche familiar en una pieza de museo. Dejadlo en el garaje mientras os desplazáis en bicicleta, a pie o en autobús. Recuerda que el escape de humos contribuye a la formación de lluvia ácida y fomenta el efecto invernadero.
- Compra alimentos no envasados. ¿Quién necesita toda esa espuma?
- No tires nada; recíclalo. Utiliza una misma bolsa de plástico del supermercado para ir de compras una y otra vez. Evitarás la fabricación de otra bolsa y habrá menos en los contenedores de la basura.

POLUCIÓN LETAL

Si vives en una gran ciudad, has respirado *smog*. En 1905 el londinense Harold De Veaux ideó este término combinando *smoke* (humo) y *fog* (niebla), es decir, los dos ingredientes principales del *smog* en aquel entonces. Hoy en día el *smog* es algo diferente; está compuesto de sustancias químicas «cocinadas» por el sol.

La mayoría de los *smogs*, que de ahora en adelante llamaremos «polución», son desagradables y perjudiciales. Algunos son peligrosos para las personas que sufren trastornos respiratorios. Pero en diciembre de 1952, la «polución letal» (*killer smog*) se extendió sobre Londres (Inglaterra) como si de una inmensa sábana se tratara. Cinco días más tarde, al disiparse, habían muerto cuatro mil personas.

Éste es un fragmento del diario de un joven londinense:

Jueves 4 de diciembre: Londres huele fatal. La causa principal son los gases de las fábricas. Hoy ha habido un poco de polución [...]. Annie dice que le duelen los ojos.
Viernes 5 de diciembre: El aire es espeso y amarillento. La abuela llamó para decirnos que su asma había empeorado. A Annie le siguen escociendo los ojos.
Sábado 6 de diciembre: Esta tarde hemos intentado desplazarnos hasta la casa de la abuela, pero ha sido imposible. La polución es tan amarronada y espesa que los coches y autobuses no pueden circular.

Domingo 7 de diciembre: Papá trabaja día y noche en el hospital. Hay muchísimos enfermos a causa de la polución. Mamá no ha dejado salir a Annie, aunque dentro de casa tampoco es que las cosas estén mucho mejor. El *smog* penetra en el interior y lo cubre todo de una capa negruzca [...]. La abuela necesita un médico, pero ninguno puede ir a visitarla. George Drew fue al cine y dijo que los mandaron a todos a casa. La polución en el cine era tan densa que era imposible ver la pantalla.

Lunes 8 de diciembre: Finalmente, un médico ha visitado a la abuela. Está bien. En la calle no podía ver absolutamente nada, de manera que pidió a un paciente ciego que lo guiara. ¡Menudo héroe! Ha ocurrido otra cosa extraordinaria: ¡la escuela ha cerrado! ¡Hurra!

Martes 9 de diciembre: El *smog* está desapareciendo [...] El periódico habla de miles de muertos. Gracias a Dios que aquel médico pudo llegar hasta la casa de la abuelita.

POLUCIÓN EN UN TARRO DE CRISTAL

El *smog* que vas a recrear en este experimento es una versión *light* de la «polución letal» que cubrió Londres en 1952.

Material necesario
- *bote de cristal*
- *agua*
- *papel de aluminio*
- *cubitos de hielo*
- *cucharada de sal*
- *tira de papel doblada y trenzada de longitud y anchura similar a un lápiz*
- *cerilla*

1. Echa un poco de agua en el tarro de cristal y agítala. Luego sácala del tarro.
2. Coge un trozo de papel de aluminio lo bastante grande para cubrir la boca del tarro y moldéalo para que se ajuste a la boca.
3. Retira el papel de aluminio y coloca un par de cubitos de hielo en el centro del mismo, espolvoreándolos de sal.
4. Pide a un adulto que te ayude a encender la tira de papel con la cerilla y échala en el tarro. Ajusta rápidamente el aluminio con los cubitos en la boca del tarro y ciérralo herméticamente. Observa lo que ocurre, ¡pero no lo respires!

MISTERIOS DE LA CLIMATOLOGÍA

¿Qué puede desplumar a un pollo, arrancar la corteza de un árbol y llevarse a los automóviles volando por los aires? Un tornado. A lo largo de los años, los tornados han sido la causa de una infinidad de despropósitos, desde sacar a la superficie toda una cosecha de patatas hasta plantar una vaca del revés en un campo. Pero los tornados no son los únicos fenómenos meteorológicos misteriosos. En esta sección aprenderás más cosas acerca de los huracanes, conocidos también como «asesinos tropicales», el granizo gigantesco, la nieve de copos del tamaño de una sandía y mucho más.

TORNADOS

Hay quien colecciona cartas de jugadores de fútbol, sellos o tapones de refrescos, pero Bonnie y Bob coleccionan tornados, unos colosales embudos de viento que se desarrollan sin previo aviso y que son lo bastante fuertes como para succionar automóviles y llevarse por los aires casas enteras.

Los tornados, o *twisters*, como también se los conoce, se desplazan en zigzag, arrasando todo cuanto encuentran en su camino. ¿Cómo se puede coleccionar un tornado? ¿Qué podrías hacer con él cuando lo tienes? Pregúntaselo a Bonnie y Bob.

¿Cómo se os ocurrió la idea de coleccionar tornados?

Bonnie: Hace alrededor de diez años vimos cómo un tornado devastaba la ciudad. Empezó con una enorme nube negra. Luego, un embudo arremolinado descendió hasta el suelo. Parecía la trompa de un elefante. Aquella trompa alocada arrancaba los tejados de las casas y hacía volar los coches. Incluso pudimos observar las púas de paja de una escoba clavadas en un poste de teléfono. Queríamos verlo más de cerca, de manera que cogimos el todoterreno y nos propusimos ir en busca de tornados.

¿Descubriste alguno?

Bob: Bonnie y yo recorrimos palmo a palmo Tornado Alley, esa región que se extiende desde el norte de Texas, Oklahoma, Kansas, hasta el sur de Iowa, pero nuestra búsqueda resultó infructuosa. Luego conocimos a un hombre que se había dedicado a cazar tornados durante veinte años. Nos sentamos con él y nos lo explicó casi todo acerca de los tornados. Al parecer, sólo se forman cuando el aire frío penetra en un área de clima húmedo y caliente. El mejor momento para observarlos es entre las tres de la tarde y la hora de la cena. Actualmente descubrimos unos seis cada año.

¿Los habéis visto de cerca?

Bonnie: Tan de cerca como se nos antoja. En realidad, un día, en Oklahoma, estuvimos demasiado cerca. Vimos cómo se formaba el tornado. ¡Corríamos el riesgo de que nos cayera en la cabeza! ¡Uauuuu! Pudimos ver barro, pedazos de madera y papeles, e incluso una silla, revoloteando alrededor de la base del embudo. Llegó hasta el suelo y se lo llevó todo en un abrir y cerrar de ojos en medio de un gran estrépito. Mientras abandonábamos aquel lugar, a toda prisa por cierto, empezó a diluviar. La mayoría de los tornados se desplazan a unos 50-70 km/h, pero aquél era más rápido que un automóvil en la autopista. Tuvimos suerte de que se desviara y dejara de perseguirnos. Más tarde descubrimos que se trataba de un F3, con vientos de 200 km/h.

¿Un F3?

Bonnie: Sí, son muy poderosos. Al igual que los terremotos, los tornados se clasifican de F0 a F5. Un F5 es capaz de levantar en el aire una casa de madera o enviar un coche volando a una distancia de un campo de fútbol.

¿Qué hacéis con un tornado una vez avistado?

Bob: Lo coleccionamos... en película. Luego enviamos las fotos al servicio meteorológico para que puedan disponer de más información acerca de los tornados. Desde luego, saber más de ellos no los detendrá, pero sería muy útil saber cuándo se pueden desencadenar.

¿Te acuerdas de Totó?

Los «coleccionistas de tornados» como Bob y Bonnie proporcionan mucha información a los meteorólogos acerca de estos fenómenos atmosféricos, pero recientemente cuentan con la ayuda de una «caja» llamada TOTO (*To*table *To*rnado *O*bservatory), una cabina repleta de equipo de medición del tiempo.

Si has visto la película *El mago de Oz*, sabrás que un perro llamado Totó y su dueña, Dorothy, fueron succionados por un tornado. Los científicos confían en que el nuevo TOTO también será engullido por uno de ellos, aunque en lugar de transportarlo al país de Oz, permanecerá en su interior y registrará la velocidad del viento, la presión y más información.

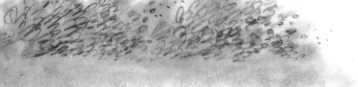

¡HURACÁN!

¿Qué tienen en común Agnes, Hazel y Gilbert? Son gigantescas tormentas tropicales llamadas huracanes. Los tres han arrasado pueblos y ciudades con terroríficos vientos y los han inundado con lluvias torrenciales.

Los huracanes empiezan en los cálidos océanos tropicales como una tormenta ordinaria. Poco a poco aumentan de tamaño a medida que absorben el calor y la humedad del agua. Las diferencias en la presión del aire desencadenan vientos en espiral, creando sistemas tormentosos en forma de rosquilla que pueden llegar a alcanzar 600 km de anchura.

Los científicos estudian muy detenidamente los huracanes. Si uno de ellos emprende una trayectoria hacia tierra firme, hay que avisar a quienes puedan hallarse en su camino. Saben que los huracanes se desplazan a una velocidad media de 20 km/h, lo que les permite anticipar el período de tiempo que tardarán en llegar a una determinada región.

Esperar la llegada de un huracán es algo parecido a cuando se aproxima un «matón» en el patio de la escuela: sabes que llegará, pero no sabes cuándo. De igual modo, el huracán puede embestir en línea recta o desviarse en el último minuto. Así pues, durante los nueve días poco más o menos que duran los huracanes, la gente de la zona espera y observa.

Cuando un huracán alcanza tierra firme, lo primero que se percibe son los bordes débiles de la tormenta, pero cuando este meteoro en forma de inmensa rosquilla se sitúa en la vertical de tu cabeza, los vientos son tan fuertes que podrían rebasar los límites de velocidad en la autopista. En un solo día pueden caer hasta 25 cm/m^2 de lluvia, es decir, lo suficiente para llenar un balde.

Curiosamente, en medio de semejante caos, reina la calma. Al igual que una rosquilla, el hura-

¿Huracán, ciclón o tifón?

Los huracanes son lo mismo que los ciclones y los tifones, con la salvedad de que los ciclones se producen en el océano Índico y los tifones en el mar de China. El término huracán procede de Hunraken, el dios de las tormentas de los mayas de América Central. Por su parte, tifón procede de *ty fung*, que significa «gran viento».

cán no tiene nada en el centro, simplemente aire en calma. En este «ojo» del huracán no hay viento y el cielo incluso puede estar despejado. A veces, el ojo actúa a modo de ingente jaula que atrapa a los pájaros que viajan con él, evitando que sean succionados por la tormenta. En innumerables ocasiones, la calma del ojo del huracán hace que la gente se confíe y salga de sus casas, convencidos de que todo ha pasado, cuando de repente... ¡zas!, se les cae encima la otra mitad del anillo de la rosquilla.

Con los años, los huracanes han ocasionado la muerte de millones de personas, destruido comunidades enteras, arrasado cosechas y hundido barcos. Cada año se producen alrededor de seis huracanes en el océano Atlántico y los meteorólogos se han acostumbrado a bautizarlos.

No esperes poder bautizar un huracán con tu nombre si te llamas David, Allen o Hazel; tres huracanes famosos ya se llaman así. Para evitar confusiones, los meteorólogos han acordado no repetir el mismo nombre. En realidad, los «jubilan», al igual que hicieron los Boston Bruins con las camisetas que lucían el número cuatro cuando el jugador de hockey sobre hielo Bobby Orr colgó el *stick*.

La idea de dar un nombre a los huracanes se inició en Estados Unidos, en 1953. Al principio, todos los huracanes se bautizaban con nombres de mujer, pero en 1979 se incorporaron los nombres masculinos. En la actualidad, si el primer huracán del año lleva nombre de mujer, el siguiente lo llevará de varón, y así sucesivamente. Al año siguiente, los chicos encabezarán la lista.

Los nombres siguen las letras del alfabeto. En 1989, por ejemplo, los meteorólogos decidieron que los huracanes de aquel año se llamarían Allison, Barry, Chantal, Dean, Erin, Felix, Gabrielle, Hugo, Iris, Jerry, Karen, Luis, Marilyn, Noel, Opal, Pablo, Roxanne, Sebastián, Tanya, Van y Wendy. Como habrás observado, no hay ningún nombre que empiece por Q, U, X, Y o Z. Esto es debido a que no existen demasiados nombres que empiecen con estas iniciales. Hasta la fecha, los meteorólogos nunca han agotado la lista de nombres en un solo año.

ENORMES BOLAS DE HIELO

¿Qué tamaño ha tenido el granizo más grande del mundo? ¿Era como una pelota de golf, de tenis o como un racimo de uva? Si has dicho un racimo de uva, te has aproximado muchísimo. El 6 de julio de 1928, en Potter, Nebraska (Estados Unidos), se desencadenó una tormenta de granizo, con cristales de hielo mayores que un racimo de uva. En otros lugares son habituales los fragmentos incluso del tamaño de una pelota de golf o de tenis.

¿Cómo se forman estos enormes bloques de hielo allá en lo alto? Las tormentas de granizo empiezan igual que muchos chubascos, es decir, como diminutos cristales de hielo en la parte superior de las nubes, a los que posteriormente se adhieren las gotas de agua. A medida que aumentan de tamaño, empiezan a precipitarse.

En ocasiones, el granizo cae directamente a tierra, pero en otras queda atrapado en la nube y se arremolina arriba y abajo por la acción de fuertes corrientes de aire. Cada vez que ascienden y descienden en el interior de la nube, una nueva capa de agua se adhiere al granizo y se congela. Al final, los fragmentos de hielo son tan pesados que acaban precipitándose al suelo, o si las corrientes ascendentes son lo bastante fuertes, salen disparados por la parte superior de la nube como si se tratara de palomitas de maíz.

GRANIZO HUMANO

Las corrientes ascendentes que transportan el granizo a través de la nube son lo suficientemente poderosas como para levantarte por los aires. ¡A decir verdad, en una ocasión se llevaron a cinco hombres! Un día de 1930, cinco pilotos alemanes de planeador se encontraron, de pronto, deslizándose en el aire a través de una tormenta. Ante la posibilidad de que el vendaval acabara haciendo trizas el aparato, intentaron saltar en paracaídas. Sin embargo, las corrientes ascendentes los elevaron a modo de «granizo humano». Subían y bajaban, y a medida que lo hacían se les adherían nuevas capas de hielo. Finalmente, cayeron al suelo. Sólo uno vivió para contarlo.

No todos los fragmentos de hielo del granizo son redondos como la uva. Algunos son cónicos como las zanahorias; otros parecen champiñones o rodajas de pepino. Pero todos tienen algo en común con las cebollas: están compuestos de capas.

Si lo deseas, puedes «fabricar» un fragmento de granizo en el frigorífico y luego cortarlo para observar las capas.

Material necesario
○ *copo de nieve pequeño y comprimido del tamaño de una pelota de golf*
○ *agua fría*
○ *pulverizador de plantas*
○ *cuchillo o sierra*

1. Pulveriza el copo de nieve con agua y mételo en el congelador.
2. Cuando el agua se haya helado, pulveriza de nuevo el «granizo».
3. Continúa pulverizando y congelando la bolita hasta que se haya formado una gruesa capa de hielo. Repite el proceso durante varios días.
4. Pide a un adulto que te ayude a cortar el fragmento de granizo y observa las capas.

VINIERON DEL ESPACIO EXTERIOR

Imagina que alienígenas procedentes de un planeta lejano aterrizaran en la Tierra y trajeran consigo un poco de su clima. Podría ser realmente extraño, al igual que lo son los fenómenos que vas a leer en estas dos páginas. Pero espera un minuto… ¿son pura ciencia ficción o una realidad? ¿Los han traído los extraterrestres del espacio exterior o se producen en nuestro planeta? Veamos si lo adivinas. Encontrarás las respuestas en la página 93.

1. Lluvia seca

Se forma una nube negra. Parece que va a llover. Pero en lugar de lluvia, cae «virga». Y… ¿qué es la virga? Lluvia que empieza a precipitarse pero que se evapora al salir de la nube. Una nube que «llueve» virga tiene un aspecto semejante a un animalito de peluche con una parte del relleno colgando por la base. ¿Es real la virga o sólo se produce en Venus?

2. Bolas-rayo

Imagina que el rayo no llega en forma de ráfagas eléctricas sino en forma de bolas. Las bolas-rayo no se limitan a salir disparadas desde las nubes y a caer a tierra, sino que esas masas esféricas luminosas, de un tamaño aproximado al de un balón de playa o incluso mayores, zigzaguean de un lugar a otro, incluso en el interior de las casas. ¿Son una invención de *Star Trek* o son reales?

3. Rodillos de nieve

¿Queda siempre inmóvil en el suelo la nieve cuando cae? Ni mucho menos. Los rodillos de nieve son una especie de gruesas rosquillas que ruedan de un lado a otro como latas de refrescos vacías. ¿Cómo se producen? El viento levanta una capa de nieve que se curva en espiral y va recogiendo más nieve a medida que se desplaza. ¿Se trata de un truco circense en Saturno o realmente ruedan aquí en la Tierra?

4. *Herbies*

Un *herbie* es una especie de pared de nieve que golpea sin previo aviso. Estás patinando tranquilamente bajo el sol invernal y un minuto después te ciega una miniventisca tan feroz que apenas puedes ver tus guantes. ¿Son fenómenos marcianos o terrestres?

5. Nubes que brillan en la oscuridad

Para verlas deberás dedicarte a observar las nubes por la noche. Es una nube azulado-plateada que reluce en la oscuridad y cuyo brillo aumenta a medida que avanza la noche. Tiene una forma similar a la de un cirro, pero está situada a una altitud mucho mayor. ¿Las nubes se «iluminan» solamente en los cómics espaciales o también lo hacen en la Tierra?

6. Un auténtico embudo absorbente

Si añades agua a un tornado, formarás un verdadero torbellino. Los torbellinos o embudos de agua se inician en los lagos y los ríos, y pueden succionar peces, que a veces dejan caer a varios kilómetros de distancia. ¿Es una historia irreal o es un fenómeno que sucede en nuestro planeta?

EL CLIMA EN OTROS PLANETAS

¿En alguna ocasión has experimentado uno de esos días en que empieza haciendo sol, llueve a mediodía, cae granizo por la tarde y luego vuelve a salir el sol? Qué extraño es ¿verdad? Pues si crees que la climatología está un poco loca en la Tierra, deberías vivir en otros planetas...

No esperes cielos azules y un sol radiante en Marte. Durante el día el cielo es de color amelocotonado, pero a pesar de que el sol es débil, los rayos ultravioleta son muy intensos. Así pues, los marcianos, si es que hay alguno, estarán bronceadísimos, aunque lo cierto es que probablemente no pasarán demasiado tiempo en la playa. La temperatura en Marte suele ser más fría que en nuestro polo norte.

El mal tiempo en este planeta es realmente malo. Gélidos vientos barren el polvo de la superficie creando una tormenta helada e impenetrable que sopla tan fuerte que deberías aferrarte a algo para mantenerte en pie.

Pero todo esto no es nada comparado con Tritón, donde el hielo aflora a la superficie a través de las grietas, y lagos helados salpican el paisaje. Los científicos creen que es el lugar más frío de nuestro sistema solar.

¿Buscas algo más cálido? Prueba en Venus. Es tan caliente que un almuerzo de picnic se evaporaría a los dos segundos de haber abierto la fiambrera... y también tú a menos que estuvieras protegido con un traje espacial adecuado.

Desde luego, en Venus no tendrías que preocuparte de coger el paraguas. Si bien las espesas nubes verdoso-amarillentas llenan el cielo, la lluvia de ácido sulfúrico se evapora en su caliente atmósfera antes de llegar al suelo.

Tal vez te desagrade el tiempo que hace en la Tierra, pero basta con observar unos cuantos planetas hermanos para comprobar que no hay ningún otro lugar en el que se esté tan a gusto como en casa. ¿Por qué el clima de la Tierra es tan diferente del de otras lunas y planetas? La razón principal es la distancia al sol. Estamos lo bastante lejos como para no freírnos y lo bastante cerca como para no congelarnos.

La otra razón es la atmósfera, esa mezcla de gases que rodea la Tierra y actúa a modo de manta, dejando pasar la suficiente cantidad de radiación solar como para que puedan vivir el ser humano, los animales y las plantas, y bloqueando la mayor parte de los perjudiciales rayos del sol. Gracias al sol y a nuestra atmósfera, el clima en la Tierra es único.

Elige un planeta

¿Estás buscando un lugar para pasar las vacaciones? Verifica las temperaturas de algunos de nuestros planetas vecinos antes de reservar el pasaje.

Temperaturas diurnas aproximadas

Mercurio	410 °C
Venus	447 °C
Tierra	14 °C
Marte	−125 °C a 30 °C
Júpiter	−140 °C a 24 °C
Saturno	−180 °C
Urano	−216 °C
Neptuno	−220 °C
Plutón	−230 °C

¡Aloha desde Venus!

Tarjeta Postal

Querida amiga:
Disfrutando de un tiempo maravilloso, desearía que estuvieras aquí. Con cariño,
Jeff

carolin
calle Si
124, 1.ª 4
Barcel
Españ
Tierra

POR CORREO ESPACIAL

SIN SOL NO HAY CLIMA

¿Qué ocurriría si alguien le diera al interruptor del sol y lo apagara? Desde luego, todo estaría a oscuras, pero también se producirían otros cambios. Sin los cálidos rayos solares la Tierra se enfriaría rápidamente. ¿Y luego qué? Nadie lo sabe a ciencia cierta. Es probable que los vientos desaparecieran. Al fin y al cabo, es el calor del sol el que los origina. Y también dejaría de llover, pues se necesita aire caliente ascendente para formar nubes. En opinión de los científicos, el clima no tardaría demasiado en interrumpirse.

69

PREDICCIÓN DEL TIEMPO

Desde las eras remotas en las que el primer hombre de las cavernas se chupó el dedo y lo levantó en el aire para determinar la dirección del viento, el ser humano ha intentado predecir el tiempo. Aunque el equipo es bastante sofisticado, los meteorólogos modernos continúan teniendo dificultades para acertar. ¿Por qué es tan difícil hacer una predicción del tiempo? Sigue leyendo y lo descubrirás. Luego verifica algunos refranes relativos al tiempo, construye un predictor del tiempo y averigua qué clase de tiempo sería lo bastante extraño como para que un cavernícola corriera a refugiarse en su cueva.

Y AHORA... EL PARTE METEOROLÓGICO

¿Qué es blanco y peludo y predice el tiempo? ¿El conejito de Pascua? Pues no. Es Wiarton Willie, una marmota albina que atrae toda la atención de los canadienses cada 2 de febrero. La gente se reúne para verla cuando sale de su madriguera temprano por la mañana.

Según una antigua tradición, si Willie ve su sombra, los canadienses pueden esperar otros seis meses de invierno, y si no, la primavera está próxima. Esta historia se basa en la creencia popular de que un día soleado (cuando la marmota puede ver su sombra) a principios de invierno, significa mal tiempo más tarde.

A decir verdad, Willie no es un meteorólogo demasiado preciso, pues se equivoca más veces de las que acierta.

Pero seamos justos, la tarea de Willie es compleja: predecir el tiempo con seis meses de antelación es francamente difícil. Los meteorólogos, con un equipo sofisticado, sólo son capaces de predecirlo como máximo para los siguientes siete días.

Las predicciones del tiempo se basan en información acerca de cosas tales como la velocidad y dirección del viento, la presión del aire, la humedad ambiente, la proximidad de tormentas y la temperatura. Cada «pieza» de información es como una pequeña pieza de un rompecabezas. Reuniéndolas todas, los meteorólogos obtienen una panorámica del tiempo.

Pero las piezas del puzzle cambian constantemente y algunas aparecen o desaparecen sin previo aviso. En efecto, un día el viento soplará del norte con fuerza, pero al siguiente podría haber cambiado de dirección y soplar del sur. Una tormenta se puede formar rápidamente, caer un chaparrón y luego desvanecerse en un santiamén. ¡Imagina lo que representaría solucionar un rompecabezas en el que las piezas siempre cambiaran...!

Gracias a los satélites y otros medios innovadores de obtención de información, los meteorólogos pueden predecir el tiempo de un modo cada vez más preciso. En realidad, sus partes son el doble de exactos que los que se confeccionaban cuando tus padres eran pequeños.

OBSERVADORES DEL TIEMPO

Los medios tecnológicos que aparecen en esta página recogen las piezas del puzzle climatológico y las facilitan a los meteorólogos para que éstos puedan confeccionar sus partes.

Pistola de nubes

Los haces de microondas de las torres de radar penetran a través de la mayoría de las nubes, pero no en las que contienen lluvia o nieve. La información acerca de cómo los haces rebotan constituyen para los meteorólogos el anuncio de que la lluvia o la nieve está próxima.

Ojos celestes

Los satélites meteorológicos giran alrededor de la Tierra o se mantienen inmóviles en la órbita y envían datos relacionados con los movimientos de las tormentas.

Ojos humanos

El personal de cien mil estaciones meteorológicas en todo el mundo controla el tiempo cada hora. Algunas estaciones envían globos aerostáticos equipados con dispositivos de medición para averiguar lo que está sucediendo en el aire a varios kilómetros de altitud.

Voluntarios en Canadá miden la temperatura dos veces al día y el índice de pluviosidad una o dos veces. La información que recogen ayuda a los meteorólogos a comprender las características de la climatología local.

TERMÓMETRO HUMANO

La próxima vez que salgas de excursión
al campo presta atención a los grillos
y cuenta el número de chirridos en ocho
segundos. Suma cuatro al resultado y obtendrás
la temperatura en grados centígrados. Como comprobarás,
los grillos son increíblemente precisos, con un índice
de error de un grado más o menos nueve de cada diez veces.

¿Hasta qué punto eres capaz de adivinar la temperatura? Averígualo.

Material necesario
○ *cuenco de agua caliente*
○ *cuenco de agua fría*
○ *cuenco de agua a temperatura ambiente*

1. Introduce la mano izquierda en el cuenco de agua fría durante unos segundos, y luego haz lo propio en el de agua a temperatura ambiente. ¿El agua a temperatura ambiente te ha parecido fría o caliente?

2. Ahora introduce la mano derecha en el cuenco de agua caliente, y luego en el de agua a temperatura ambiente. ¿Qué tal?

3. Espera un minuto e introduce las dos manos directamente en el cuenco de agua a temperatura ambiente. ¿Está fría o caliente?

Es una suerte que no tengas que depender de tu cuerpo para saber qué temperatura hace. Los cambios te confunden y la sensación de frío o ca-

lor se mezcla. Ésta es la razón por la que los científicos utilizan instrumentos para medir la temperatura y otras condiciones climatológicas; no enloquecen de la forma como lo hace tu cuerpo.

Con cinco instrumentos puedes saber muchas cosas del tiempo:

- Termómetro. Mide la temperatura. Ahora que ya has comprobado lo poco fiable que es tu cuerpo a la hora de medir la temperatura, sabrás por qué necesitas uno.

- Pluviómetro. Indica la cantidad de lluvia que ha caído (véase p. 33; construcción de un pluviómetro).

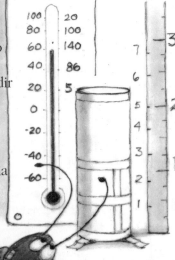

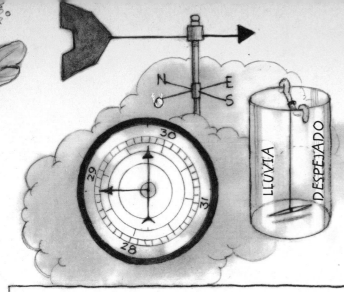

- Veleta. Indica la dirección en la que sopla el viento (véase p. 45).

- Higrómetro de pelo. Mide la humedad del aire (véase p. 34).

- Barómetro. Mide la presión del aire. A mayor presión, mejor tiempo (véase el recuadro de esta página).

CONSTRUYE UN BARÓMETRO

Este barómetro casero te indicará los cambios en la presión del aire que anuncian buen o mal tiempo.

Material necesario
- *globo*
- *tarro de cristal de boca ancha*
- *aro de goma*
- *pajita de refresco*
- *cinta adhesiva*
- *papel y bolígrafo*

1. Hincha el globo y luego deja salir el aire. Córtalo por la mitad y tira la sección en la que está situada la abertura, estirando y tensando la otra mitad sobre la boca del tarro y sujetándolo con un aro de goma.
2. Pega una pajita de refresco con cinta adhesiva tal como se indica en la ilustración.

3. Coloca el barómetro cerca de una pared y pega una hoja de papel junto a él.
4. Registra la posición de la pajita durante varios días. ¿Cuándo apunta hacia arriba, cuando hace buen tiempo o mal tiempo? ¿Y hacia abajo? A partir de ahora sabrás qué tiempo hará observando el desplazamiento de la pajita.

¿Cómo funciona tu barómetro de globo? El aire ejerce presión en el globo y hace que se curve hacia abajo, lo cual desvía hacia arriba la punta libre de la pajita.

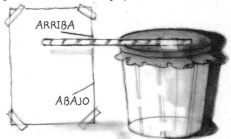

A mayor presión, mayor será la inclinación de la pajita hacia arriba y, en consecuencia, mejor será el tiempo.

CORDEROS Y LEONES

¿Has oído alguna vez este viejo refrán: «Si marzo llega como un león, se marchará como un cordero»? Mucho antes de que existieran los meteorólogos y los satélites meteorológicos, la gente confiaba en este tipo de refranes para predecir el tiempo.

Para los pescadores y los granjeros, ser capaz de predecir el tiempo podía marcar la diferencia entre la vida y la muerte. Si los granjeros esperaban demasiado para recoger la cosecha en otoño, la lluvia podía arrasar los cultivos. Por su parte, los pescadores que hacían caso omiso de las señales de tormenta, corrían el riesgo de naufragar.

¿Hasta qué punto eran precisos los refranes del tiempo? ¿Por qué no lo compruebas por ti mismo? Fotocopia la tabla de la página siguiente, elige una o más de las expresiones que figuran a continuación y verifica su exactitud. Para que el experimento sea lo más equitativo posible, registra la temperatura a la misma hora cada día (al llegar de la escuela, etc.). Para medir la lluvia puedes construir un pluviómetro siguiendo las instrucciones de la página 33.

1. *Cuando marzo llega como un león, se marcha como un cordero.* Si la climatología es feroz a principios de marzo, a finales de mes será benigna.

2. *Cielo rojizo al atardecer, alivio para el marino; cielo rojizo al amanecer, alerta para el marino.* Un cielo rojo-rosado al caer la tarde presagia buen tiempo al día siguiente, pero esa misma tonalidad a primeras horas de la mañana advierte de una más que probable tormenta.

3. *Los tres primeros días de enero dictan el tiempo de los tres meses siguientes.* El tiempo en los tres primeros días del año anuncian cuál será la climatología durante los tres meses siguientes.

Si quieres entretenerte un rato, consulta las predicciones meteorológicas a largo plazo en el periódico y verifícalo tú mismo.

TABLA DEL TIEMPO

FECHA	TEMPERATURA	MILÍMETROS DE LLUVIA O NIEVE	NUBES	VIENTO (fuerte o débil)

¡NIEVA EN JULIO!

Imagina que tu madre está hablando por teléfono y le oyes decir: «No sé si podré llevar a los niños en coche. En julio, antes de que vuelvan a ir a la escuela, va a nevar». Prepárate, pues, para ir andando.

Damos por sentado que determinados tipos de tiempo son propios de determinadas épocas del año. Esto es así y no le damos más vueltas. Por lo tanto, un julio con nieve parece una locura.

Tu idea de lo que es normal depende del clima de la región del globo en la que vives. Por ejemplo, si vives en Hawai, es probable que pienses en enero como un mes ideal para ir a la playa, mientras que en la mayor parte de Canadá tendrías que romper el hielo para nadar. Ambos climas son normales.

Cada lugar dispone de sus propios controlado-res climáticos, como si de un programa informáti-co se tratara, que mantienen el clima relativamen-te uniforme año tras año. El más importante es cuán al norte o cuán al sur resides. Cuanto más cerca del ecuador, más soleado y cálido será el cli-ma. Ésta es la razón por la que te puedes bañar en Hawai en pleno mes de enero, pero no en la bahía de Hudson.

¿Vives en las inmediaciones del océano o de un gran lago? El clima sin duda será más nuboso y lluvioso que en las áreas de interior. Los veranos probablemente serán más fríos y los inviernos más cálidos. Asimismo, si resides en el centro de un continente, la temperatura podrá subir y bajar más en un solo día y de un día para otro que si vives cerca de una gran lago. Los veranos tal vez sean cálidos y los inviernos fríos.

El tiempo puede cambiar de la noche a la mañana, pero el clima se mantiene igual durante siglos y siglos: los controladores lo «programan».

Pero en ocasiones los controladores cambian, y cuando esto ocurre, también cambia el clima. ¿El resultado? Palmeras en Canadá y sí, nieve en julio. En la página siguiente descubrirás más cosas acerca del clima que reinaba en la Tierra en eras remotas.

ALGUNOS DÍAS FRÍOS Y NEVADOS EN JULIO

En Nueva Zelanda y otros países del hemisferio sur, el mes de julio corresponde a mediados de invierno y, en consecuencia, nieva de vez en cuando. Cuanto más al sur te desplaces en julio, más frío hará. La temperatura más fría jamás registrada fue el 21 de julio de 1983 en la Antártida.

Incluso en el hemisferio norte nieva algunas veces en el mes de julio. El explorador británico Martin Frobisher se vio obligado a soportar una terrible ventisca en julio de 1578 en el norte de Canadá. Escribió en su diario: «En esta tormenta ha caído tanta nieve y con un viento tan gélido, que apenas podíamos vernos, los unos a otros otros [...]. La nieve tenía un espesor de 15 cm». Los hombres que viajaban con Frobisher estaban asombrados: si nevaba en verano, ¿qué ocurría en invierno?, se preguntaban.

¿CAMELLOS EN EL ÁRTICO?

Cuando los científicos desenterraron los huesos fosilizados de un camello en el Ártico, apenas podían creer lo que veían sus ojos. ¿Qué hacía en el frío norte de Canadá un animal que habitualmente vive en las cálidas regiones desérticas?

Se encontraron más huesos de camello, además de restos de plantas igualmente fosilizados. Todo ello llevó a concluir que el Ártico no siempre había sido tan frío y árido como en la actualidad. Al parecer, hace miles de años, los veranos árticos eran más largos, lo suficiente para que crecieran las plantas y alimentaran a los camellos, y en invierno probablemente nevaba menos. Los camellos podían sobrevivir en el norte, algo que los camellos actuales no pueden hacer.

Si retrocediéramos millones de años en el tiempo, disfrutaríamos de varios períodos cálidos en el clima terrestre. Las temperaturas medias en todo el planeta sólo ascendían unos cuantos grados, pero el calor era suficiente para que los camellos pudieran vivir en el Ártico, e incluso antes, los dinosaurios en Alaska.

Entre estos períodos cálidos, había períodos de hielo (glaciales). ¿Hasta qué punto eran glaciales los períodos glaciales? Mucho. Las temperaturas descendían, la nieve se acumulaba y los glaciares

Pista 1: Los anillos en los árboles. En los climas cálidos los árboles desarrollan nuevas capas de corteza cada año. Contar los anillos desde la capa exterior hasta la interior es como viajar hacia atrás en el tiempo año tras año. Dado que los árboles crecen mejor en los años húmedos, a menudo los científicos pueden saber si un año fue seco o muy lluvioso estudiando sus anillos.

Pista 2: El polen de las plantas que se depositó en los lagos y los fósiles. Los paleontólogos comparan estos restos vegetales con plantas modernas para resolver misterios acerca del clima. Así, por ejemplo, si encuentran un fósil de una planta parecida a una palmera, saben que el clima debió de ser cálido.

Pista 3: Los restos de animales preservados. Uno de los fósiles más útiles es el *Globigerina pachyderma*, un molusco diminuto cuya concha se puede leer como un termómetro; se desarrolla hacia la izquierda cuando hace frío y hacia la derecha cuando hace calor.

Estas pistas han permitido concluir a los científicos que el clima de la Tierra se ha calentado y enfriado una y otra vez. Pero nadie sabe a ciencia cierta por qué. Lo que controla la «temperatura» de nuestro planeta es la mayor o menor cantidad de radiación solar. Los expertos creen que esta radiación se ha «encendido» y «apagado». ¿Cómo? Una espesa capa de cenizas y gas procedente de una erupción volcánica descomunal podría haberla bloqueado. También sería posible que la órbita irregular de la Tierra se haya alejado del sol de vez en cuando. Una combinación de la órbita irregular y la inclinación del planeta podrían tener un extraordinario impacto en el clima terrestre.

¿Acaso nosotros, los terrícolas, podríamos experimentar otra era glacial? Echando un vistazo al clima de los últimos siglos, los científicos creen que nos hallamos en un período más frío, pero el efecto invernadero (véase p. 54) está calentando la Tierra, de manera que nadie puede asegurar si el planeta se calentará o enfriará en las próximas décadas. Algo sí es seguro: ¡no verás camellos en el Ártico... a menos que algún circo recale en aquella zona!

cubrían una gran parte de Canadá y Europa septentrional. El último período glacial, llamado Wisconsiniano, alcanzó su apogeo hace veinte mil años. Observa el mapa y verás qué regiones estaban cubiertas de hielo en América del Norte.

Los científicos que estudian el clima remoto de la Tierra son como los detectives; buscan las pistas dejadas por plantas y animales que murieron en el pasado. Veamos cuáles son:

LOS PORQUÉS DEL CLIMA

¿Por qué las nubes de lluvia son tan oscuras? ¿Hasta qué punto es ácida la lluvia ácida? ¿Quién es Jack Frost? En esta sección encontrarás la respuesta a estas y otras preguntas acerca del porqué, qué, quién y cómo de la meteorología.

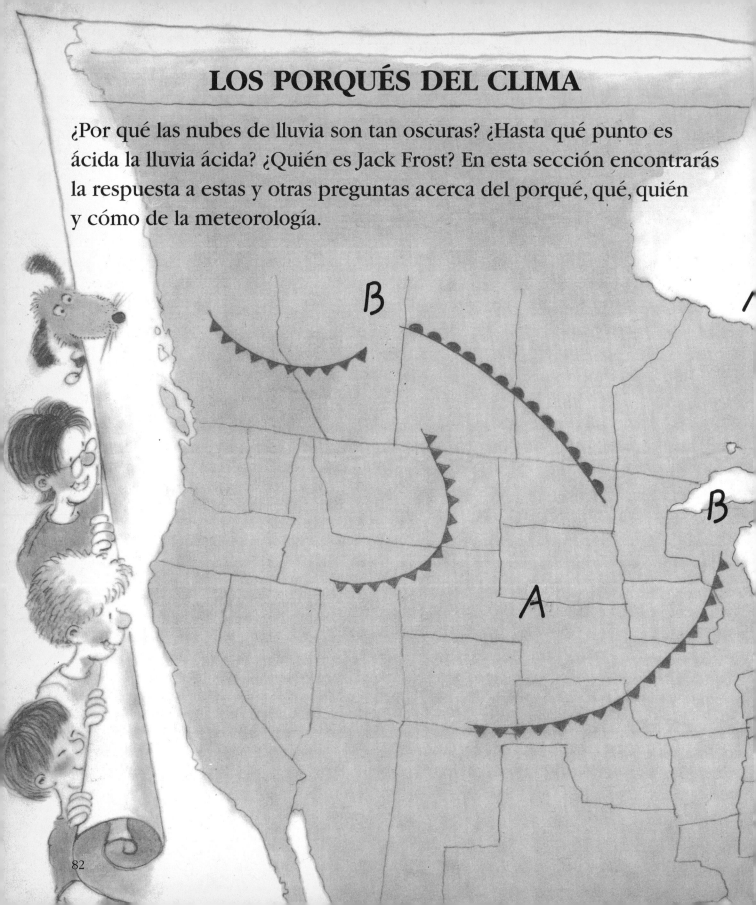

P. ¿Qué es un mapa meteorológico?

R. Una representación gráfica que muestra las áreas principales de altas y bajas presiones en un país, así como los frentes fríos y cálidos. Los mapas meteorológicos que aparecen en el periódico o en los noticiarios de televisión podrían tener un aspecto parecido al de la izquierda. «A» equivale a altas presiones, que en general significa buen tiempo, y «B» a bajas presiones, que a menudo anuncia mal tiempo. Los frentes o bordes de las masas de aire frías o cálidas se representan así:

FRENTE CÁLIDO   FRENTE FRÍO

Algunos mapas meteorológicos utilizan símbolos para facilitar otro tipo de información. Veamos algunos de los símbolos internacionales que se suelen emplear:

NEBLINA
(NIEBLA)

LLOVIZNA

LLUVIA

LLUVIA INTENSA

TORMENTA

TORMENTA ELÉCTRICA

LLUVIA HELADA
(GRANIZO)

NIEVE

Los mapas meteorológicos te dicen qué tiempo puedes esperar. Las masas de aire, frías y cálidas, se desplazan de oeste a este, de manera que si quieres saber qué tiempo hará en los próximos días, fíjate en los signos que aparecen en el mapa correspondiente al oeste de donde vives.

P. ¿Qué es el factor térmico del viento?

R. ¿Notas más frío cuando sopla el viento? Esto es debido a que el viento se lleva una fina capa de aire cálido que suele rodear tu cuerpo. En los días ventosos esta capa de aire hace las veces del aislamiento en una casa y te mantiene caliente.

Un científico llamado Paul Siple ideó una fórmula para saber el mayor o menor frío que notarías a diferentes velocidades del viento. Así, por ejemplo, si el termómetro indicara una temperatura, pongamos por caso, de –18 °C y el viento soplara a 16 km/h, calculó que tendrías una sensación de –30 °C. A esto lo denominó factor térmico del viento o temperatura de confort. Hoy en día, los meteorólogos anuncian a menudo la temperatura de confort para que sepas cómo debes vestirte para protegerte del frío.

P. ¿Hasta qué punto es ácida la lluvia ácida?

R. No te preocupes, no agujereará tu paraguas, pues en realidad no es corrosiva. Sin embargo, cuando cae en un lago puede dañar el ecosistema y matar a los peces.

La acidez de la lluvia se mide por su nivel de pH. La lluvia pura tiene un pH de 5,6, mientras que por lluvia ácida se entiende cualquier precipitación con un pH inferior a 5,6.

Si cae demasiada lluvia ácida en un lago, por ejemplo, se acidifica. Los peces no pueden sobrevivir con un pH inferior a 4,5.

pH SUPERIOR A 5,0

pH DE 4,3 A 5,0

P. Qué es un *chinook*?

R. Un viento caliente y seco que puede convertir el invierno en verano en cuestión de minutos. Un gélido día de invierno de 1943, Rapid City, un pueblo de Dakota del Sur, pasó en sólo quince minutos de una colosal nevada (–12 °C) a 13°C a causa de un repentino *chinook*.

¿De dónde procede este viento? Un viento húmedo asciende por una de las vertientes de una montaña y, al iniciar el descenso por la otra, se calienta.

El término *chinook* tiene sus orígenes en una palabra india que significa «come-nieve». Y no es de extrañar, pues es capaz de «comerse» un grueso de nieve hasta la rodilla en sólo una noche.

P. ¿Qué es El Niño?

R. Un calentamiento de la superficie oceánica que se produce cada año, cuando la Navidad está próxima, frente a la costa de Ecuador y Perú. Algunos años apenas se notan sus efectos, pero otros, El Niño vuelve del revés el clima mundial. Lugares que habitualmente son soleados y secos, tales como Florida, se ven azotados por intensas tormentas, y países en los que se espera la temporada de lluvias, como Indonesia, sufren una sequía. Todo esto acontece porque el agua cálida del océano de El Niño provoca una reacción en cadena en la atmósfera, sacudiendo las pautas climatológicas normales.

P. ¿Por qué son tan oscuras las nubes de lluvia?

R. Porque están cargadas de cristales de hielo y gotas de agua que están a punto de caer. Ambos bloquean la luz del sol, que no puede atravesar la nube. A mayor número de cristales y gotas, menos luz y más oscura es la nube. Las nubes realmente oscuras, casi negras, contienen muchísima nieve, que bloquea aún más si cabe la luz solar.

pH INFERIOR A 4,2

85

P. ¿Quién es Jack Frost?

R. Jack Frost se crió en una familia bastante «fresca». Su padre era un dios escandinavo del viento llamado Kari. A su vez, Jack tenía un hijo, Snjo, o *snow* (nieve) en inglés.

Si quieres, puedes producir *frost* (escarcha) tal como solía hacerlo Jack Frost.

Material necesario

○ *cubitos de hielo*
○ *bolsa de plástico*
○ *martillo*
○ *lata de refresco vacía*
○ *sal*

1. Mete los cubitos de hielo en una bolsa de plástico y átala para que quede bien cerrada. Con un martillo rompe los cubitos en pequeños fragmentos.
2. Pon una capa de hielo de 3 cm de espesor en el interior de la lata, luego otra de sal, otra de hielo, otra de sal, etc., hasta que esté llena.
3. Observa lo que ocurre. Si hace un día seco, con poca humedad en el aire, tendrás que echar el aliento en la pared exterior de la lata para producir escarcha.

¿Qué ha sucedido? Cuando el aire húmedo incide en la superficie fría de la lata, el agua en su interior se congela y se adhiere a la pared. Es la escarcha. Este proceso de paso de un gas (tu aliento) a un sólido (escarcha) se denomina sublimación. Esto es precisamente lo que ocurre cuando se forma la escarcha en invierno.

P. ¿Se puede oler la lluvia antes de que caiga?
R. Algunos científicos creen que sí. En su opinión, las plantas emanan una mayor fragancia cuando el aire es húmedo, antes de que empiece a llover.

Otros expertos aseguran que todo está en la nariz. Según dicen, la humedad en el aire aumenta la sensibilidad del olfato. Compruébalo tú mismo. Compara cuándo huele más un limón, en el cuarto de baño lleno de vaho o en una habitación seca.

P. ¿Es cierto que no hay dos copos de nieve idénticos?
R. Esto es lo que la gente ha creído durante muchísimo tiempo, y por una buena razón. Para ser idénticos, tendrían que caer exactamente en las mismas condiciones. Basta una minúscula cantidad extra de humedad o la más leve de las brisas para que tengan un aspecto diferente.

Los copos de nieve idénticos parecían imposibles hasta que la físico Nancy Wright recogió dos iguales cuando estaba tomando muestras de nieve en invierno de 1988. Los fotografió y amplió. A simple vista, daban la sensación de ser idénticos, pero aun así, Nancy no quedó totalmente convencida. Según dice, puede haber diferencias tan microscópicas que resultan indetectables.

¡¡AUUU!!

EL 6 DE JULIO DE 1928, EN POTTER, NEBRASKA, CAYÓ UN FRAGMENTO DE GRANIZO MÁS GRANDE QUE UN RACIMO DE UVAS, PERO LA PIEZA QUE OSTENTA EL RÉCORD DE PESO CAYÓ EN BANGLADESH EL 14 DE ABRIL DE 1986. PESABA 1 KG.

TODO UN RÉCORD

Ponte la gorra, coge el paraguas y no olvides el bañador. Veamos algunos de los fenómenos meteorológicos más ventosos, húmedos, cálidos y extraños que acontecen en nuestro planeta.

SUDAR Y TIRITAR

En un solo día la diferencia térmica entre el polo norte y el polo sur puede alcanzar 82 °C.

¡VAYA CHAPARRÓN!

El 4 de julio de 1956, en Unionville, Maryland, cayeron 31 mm de lluvia en un minuto. De haber seguido lloviendo a este ritmo durante una hora, el agua habría cubierto por completo a sus habitantes.

¡CARAY!

UNA VEZ, EN ARICA (CHILE) ESTUVIERON 14 AÑOS SEGUIDOS SIN VER LA LLUVIA.

¡SUJÉTATE DONDE PUEDAS!

Cerca de la isla Jan Mayen se han registrado vientos de 303 km/h, es decir, lo bastante rápidos como para... ¡dejarte sin ropa en un par de segundos!

¡BUM!

EN UNA OCASIÓN, LOS HABITANTES DE BOGOR (INDONESIA) TUVIERON QUE SOPORTAR 322 DÍAS DE TORMENTA EN UN AÑO, O LO QUE ES LO MISMO, MÁS DE 10 MESES.

¡¡CHOF!!

Cerca de Hilo, Hawai, cayó una gota de lluvia gigante de 8 mm. El tamaño del copo de nieve más grande del mundo superaba el diámetro de un disco de vinilo: 38 cm.

HUMMMM

La temperatura media mundial es de 15 °C.

¡¡Hala, a cavar!!

El invierno de 1955-1956, el monte Rainier, Washington, quedó cubierto por una espesa capa de nieve de 25,4 m, lo suficiente para cubrir un edificio de cuatro plantas.

¡¡BUFF!!

¿Suficiente calor para ti, querida?

y Brrr

El lugar más cálido de la Tierra es Al'Aziziyah (Libia). El 13 de septiembre de 1922 la temperatura alcanzó los 58 °C. Y el lugar más frío es Vostok, en la Antártida, donde la temperatura ha bajado hasta –88,3 °C.

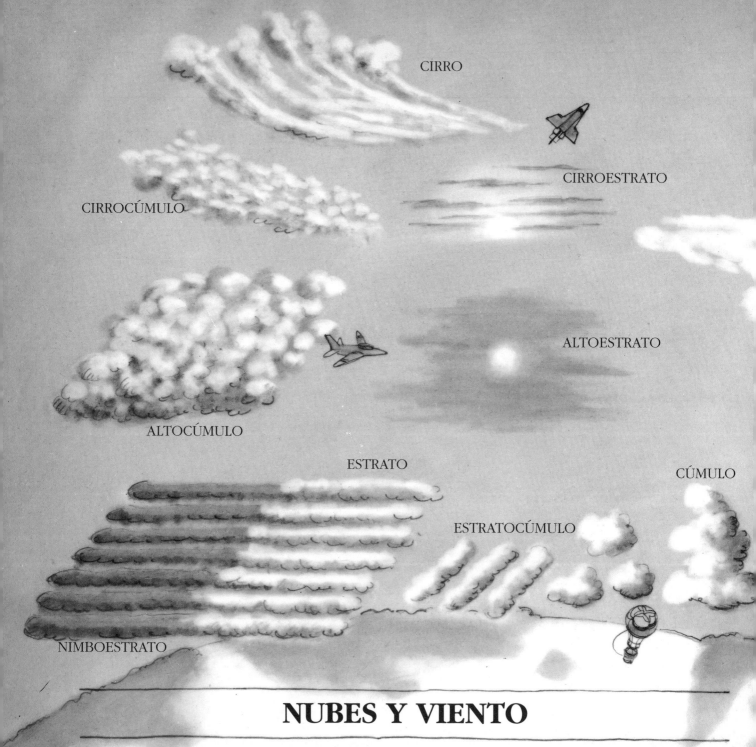

CIRRO

CIRROESTRATO

CIRROCÚMULO

ALTOESTRATO

ALTOCÚMULO

ESTRATO

CÚMULO

ESTRATOCÚMULO

NIMBOESTRATO

NUBES Y VIENTO

En esta página están representados los principales tipos de nubes. Nunca verás los diez al mismo tiempo, pero sí podrías ver dos o tres.

ESCALA DEL VIENTO DE BEAUFORT

NÚMERO BEAUFORT	KM/H	DESCRIPCIÓN
0	menos de 1	Calma: el humo asciende verticalmente
1	1–5	Aire ligero: no es suficiente para mover una veleta, pero desvía ligerísimamente el humo
2	6–11	Ligera brisa: se nota en la cara, mueve las hojas y las veletas
3	12–19	Brisa moderada: movimiento continuo de las hojas y las pequeñas ramas, suficiente para que ondee una pequeña bandera
4	20–29	Moderado: levanta el polvo y las hojas de papel; mueve pequeñas ramas
5	30–39	Menos moderado: las pequeñas hojas de los árboles se balancean con más intensidad, se riza la superficie de los lagos
6	40–50	Fuerte: se mueven las grandes ramas, es difícil dominar el paraguas
7	51–61	Pseudo-vendaval: los árboles se zarandean, resulta difícil caminar contra el viento
8	62–74	Vendaval: el viento rompe ramas de los árboles y dificulta caminar
9	75–87	Fuerte vendaval: se producen ligeros daños en las estructuras de los edificios
10	88–102	Viento de tormenta: arranca árboles y ocasiona daños considerables
11	103–121	Viento violento de tormenta: daños generales
12	más de 122	Huracán

CUMULONIMBO

AUTORIZACIONES

El separador solar, página 37, ha sido reproducido de OWL Magazine con permiso del editor, The Young Naturalist Foundation.

La bandeja volante, página 53, está sacada de *Super Flyers*. Text © 1988 by Neil Francis. Reproducida con permiso de Kids Can Press Ltd., Toronto, Canadá.

RESPUESTAS

Crea un arco iris en el jardín, página 36
El sol, al brillar a través de la niebla, puede producir un arco iris de niebla

¿Qué sabes de la nieve?, página 41
1. Cierto, probablemente es rosado a causa de las algas; 2. b; 3. falso; 4. el copo de nieve más grande medía 38 cm de diámetro; 5. b.

¡Viento va!, página 47
Elephanta (India); haboob (Sudán); zonda (Argentina); williwaw (Alaska); xlokk (Malta); simún (norte de África); kwat (China); bhoot (India).

Vinieron del espacio exterior, páginas 66-67
Aunque parezca que todos estos fenómenos pertenecen al espacio exterior, en realidad suceden aquí en la Tierra. **1.** En ocasiones puedes ver «virga» cuando las nubes están muy altas y el aire es seco. La virga se evapora mucho antes de llegar al suelo, de manera que no notarías nada si estuvieras debajo de una nube virga. **2.** Las «bolas-rayo» son una forma extremadamente rara de rayo. Parecen esferas que desplazan lentamente. **3.** En efecto, los «rodillos de nieve» son reales, aunque no se producen muy a menudo. Algunos científicos creen que se podrían formar como rodillos só-

lidos y que luego se evaporaría la sección interior, dejando un orificio. **4.** Los *herbies* también ocurren, pero sólo en la Antártida. Los meteorólogos que trabajan allí observan a las ballenas Weddell, cuyo comportamiento anuncia su formación. Cuando se ocultan bajo el hielo, un *herbie* está a punto de barrerlo todo. **5.** Las «nubes que brillan en la oscuridad», o «noctilucentes» se producen cuando el sol, situado debajo del horizonte, ilumina las nubes de minúsculas partículas de polvo en las capas altas de la atmósfera. **6.** Los «embudos absorbentes» son los responsables de algunas lluvias inusuales. El 23 de octubre de 1947, un pez de una longitud similar a un lápiz, «llovió» en la localidad de Marksville, Louisiana.

En 1857 los montrealenses asistieron atónitos a una auténtica lluvia de lagartos, mientras que en 1881 los residentes en la ciudad de Worcester (Inglaterra) quedaron asombrados al ver cómo cangrejos y bígaros (una especie de caracol) se precipitaban sobre sus cabezas. Es muy probable que todas estas lluvias zoológicas se debieran a un embudo absorbente.

LOS ENIGMAS DE LA NATURALEZA
*Todo lo que querías saber sobre
la naturaleza y nunca te atreviste
a preguntar*
HAMPTON SIDES

208 páginas
Formato: 19,5 x 24,5 cm
Libros singulares

EL PORQUÉ DE LAS COSAS
KATHY WOLLARD
Y DEBRA SOLOMON

240 páginas
Formato: 19,5 x 24,5 cm
Libros singulares

TODO LO QUE HAY QUE SABER SOBRE EL PLANETA TIERRA
KENNETH C. DAVIS

144 páginas
Formato: 15,2 x 23 cm
Libros singulares

¿QUÉ PASARÍA SI...?
*Respuestas sorprendentes
para curiosos insaciables*
MARSHALL BRAIN
Y EL EQUIPO HOWSTUFFWORKS

192 páginas
Formato: 19,5 x 24,5 cm
Libros singulares

EL LIBRO DE LOS PORQUÉS 2
KATHY WOLLARD
Y DEBRA SOLOMON

208 páginas
Formato: 19,5 x 24,5 cm
Libros singulares

TODO LO QUE HAY QUE SABER SOBRE EL ESPACIO
KENNETH C. DAVIS

144 páginas
Formato: 15,2 x 23 cm
Libros singulares